OEUVRES
DE RACINE.

IMPRIMERIE DE RIGNOUX.

OEUVRES
DE RACINE.

TOME QUATRIÈME.

A PARIS,

CHEZ J. P. AILLAUD, LIBRAIRE,
PROPRIÉTAIRE DE LA COLLECTION CAZIN,
QUAI VOLTAIRE, N° 21.

—

1822.

PHÈDRE,

TRAGÉDIE.

PRÉFACE.

Voici encore une tragédie dont le sujet est pris d'Euripide. Quoique j'aie suivi une route un peu différente de celle de cet auteur pour la conduite de l'action, je n'ai pas laissé d'enrichir ma pièce de tout ce qui m'a paru le plus éclatant dans la sienne. Quand je ne lui devrais que la seule idée du caractère de Phèdre, je pourrais dire que je lui dois ce que j'ai peut-être mis de plus raisonnable sur le théâtre. Je ne suis point étonné que ce caractère ait eu un succès si heureux du temps d'Euripide, et qu'il ait encore si bien réussi dans notre siècle, puisqu'il a toutes les qualités qu'Aristote demande dans le héros de la tragédie, et qui sont propres à exciter la compassion et la terreur. En effet Phèdre n'est ni tout-à-fait coupable ni tout-à-fait innocente. Elle est engagée, par sa destinée et par la colère des dieux, dans une passion illégitime, dont elle a horreur toute la première. Elle fait tous ses efforts pour la surmonter. Elle aime mieux se laisser mourir que de la déclarer à personne ; et, lorsqu'elle est forcée de la découvrir, elle en parle avec une confusion qui fait bien voir que son crime est plutôt une punition des dieux, qu'un mouvement de sa volonté.

J'ai même pris soin de la rendre un peu moins odieuse qu'elle n'est dans les tragédies des anciens, où elle se résout d'elle-même à accuser Hippolyte. J'ai cru que la calomnie avait quelque chose de trop bas et de trop noir pour la mettre dans la bouche d'une princesse qui a d'ailleurs des sentimens si nobles et si vertueux. Cette bassesse m'a paru plus convenable à une nourrice, qui pouvait avoir des inclinations plus serviles, et qui néanmoins n'entreprend cette fausse accusation que pour sauver la vie et l'honneur de sa maîtresse. Phèdre n'y donne les mains que parce qu'elle est dans une agitation d'esprit qui la met hors d'elle-même; et elle vient un moment après dans le dessein de justifier l'innocence et de déclarer la vérité.

Hippolyte est accusé dans Euripide et dans Sénèque d'avoir en effet violé sa belle-mère : *vim corpus tulit*. Mais il n'est ici accusé que d'en avoir eu dessein. J'ai voulu épargner à Thésée une confusion qui l'aurait pu rendre moins agréable aux spectateurs.

Pour ce qui est du personnage d'Hippolyte,

PRÉFACE.

j'avais remarqué dans les anciens qu'on reprochait à Euripide de l'avoir représenté comme un philosophe exempt de toute imperfection; ce qui faisait que la mort de ce jeune prince causait beaucoup plus d'indignation que de pitié. J'ai cru lui devoir donner quelque faiblesse, qui le rendait un peu coupable envers son père, sans pourtant lui rien ôter de cette grandeur d'âme avec laquelle il épargne l'honneur de Phèdre, et se laisse opprimer sans l'accuser. J'appelle faiblesse la passion qu'il ressent, malgré lui, pour Aricie, qui est la fille et la sœur des ennemis mortels de son père.

Cette Aricie n'est point un personnage de mon invention. Virgile dit qu'Hippolyte l'épousa, et en eut un fils, après qu'Esculape l'eut ressuscité. Et j'ai lu encore dans quelques auteurs qu'Hippolyte avait épousé et emmené en Italie une jeune Athénienne de grande naissance, qui s'appelait Aricie, et qui avait donné son nom à une petite ville d'Italie.

Je rapporte ces autorités, parce que je me suis très-scrupuleusement attaché à suivre la fable. J'ai même suivi l'histoire de Thésée, telle qu'elle est dans Plutarque.

PRÉFACE.

C'est dans cet historien que j'ai trouvé que ce qui avait donné occasion de croire que Thésée fût descendu dans les enfers pour enlever Proserpine, était un voyage que ce prince avait fait en Épire vers la source de l'Achéron, chez un roi dont Pirithoüs voulait enlever la femme, et qui arrêta Thésée prisonnier, après avoir fait mourir Pirithoüs. Ainsi j'ai tâché de conserver la vraisemblance de l'histoire, sans rien perdre des ornemens de la fable, qui fournit extrêmement à la poésie. Et le bruit de la mort de Thésée, fondé sur ce voyage fabuleux, donne lieu à Phèdre de faire une déclaration d'amour, qui devient une des principales causes de son malheur, et qu'elle n'aurait jamais osé faire, tant qu'elle aurait cru que son mari était vivant.

Au reste, je n'ose encore assurer que cette pièce soit en effet la meilleure de mes tragédies. Je laisse, et aux lecteurs et au temps, à décider de son véritable prix. Ce que je puis assurer, c'est que je n'en ai point fait où la vertu soit plus mise en jour que dans celle-ci. Les moindres fautes y sont sévèrement punies. La seule pensée du crime y est regardée avec autant d'horreur que le crime même. Les faiblesses de l'amour y passent pour de vraies faiblesses. Les passions n'y sont présentées aux yeux que pour montrer tout le désordre dont elles sont cause; et le vice y est peint partout avec des couleurs qui en font connaître et haïr la difformité. C'est là proprement le but que tout homme qui travaille pour le public doit se proposer; et c'est ce que les premiers poëtes tragiques avaient en vue sur toute chose. Leur théâtre était une école où la vertu n'était pas moins bien enseignée que dans les écoles des philosophes. Aussi Aristote a bien voulu donner des règles du poëme dramatique; et Socrate, le plus sage des philosophes, ne dédaignait pas de mettre la main aux tragédies d'Euripide. Il serait à souhaiter que nos ouvrages fussent aussi solides et aussi pleins d'utiles instructions que ceux de ces poëtes. Ce serait peut-être un moyen de réconcilier la tragédie avec quantité de personnes célèbres par leur piété et par leur doctrine, qui l'ont condamnée dans ces derniers temps, et qui en jugeraient sans doute plus favorablement, si les auteurs songeaient autant à instruire leurs spectateurs qu'à les divertir, et s'ils suivaient en cela la véritable intention de la tragédie.

PERSONNAGES.

THÉSÉE, fils d'Égée, roi d'Athènes.
PHÈDRE, femme de Thésée, fille de Minos
  et de Pasiphaé.
HIPPOLYTE, fils de Thésée et d'Antiope,
  reine des Amazones.
ARICIE, princesse du sang royal d'Athènes.
OENONE, nourrice et confidente de Phèdre.
THÉRAMÈNE, gouverneur d'Hippolyte.
ISMÈNE, confidente d'Aricie.
PANOPE, femme de la suite de Phèdre.
GARDES.

La scène est à Trézène, ville du Péloponèse.

PHÈDRE,

TRAGÉDIE.

ACTE PREMIER.

SCÈNE PREMIÈRE.

HIPPOLYTE, THÉRAMÈNE.

HIPPOLYTE.
Le dessein en est pris, je pars, cher Théramène,
Et quitte le séjour de l'aimable Trézène.
Dans le doute mortel dont je suis agité,
Je commence à rougir de mon oisiveté :
Depuis plus de six mois, éloigné de mon père,
J'ignore le destin d'une tête si chère.
J'ignore jusqu'aux lieux qui le peuvent cacher.

THÉRAMÈNE.
Et dans quels lieux, Seigneur, l'allez-vous donc chercher ?
Déjà, pour satisfaire à votre juste crainte,
J'ai couru les deux mers que sépare Corinthe.
J'ai demandé Thésée aux peuples de ces bords
Où l'on voit l'Achéron se perdre chez les morts.
J'ai visité l'Élide, et, laissant le Ténare,

Passé jusqu'à la mer qui vit tomber Icare.
Sur quel espoir nouveau, dans quels heureux climats
Croyez-vous découvrir la trace de ses pas ?
Qui sait même, qui sait si le roi votre père
Veut que de son absence on sache le mystère ?
Et si, lorsqu'avec vous nous tremblons pour ses jours,
Tranquille, et nous cachant de nouvelles amours,
Ce héros n'attend point qu'une amante abusée...

HIPPOLYTE.

Cher Théramène arrête, et respecte Thésée.
De ses jeunes erreurs désormais revenu,
Par un indigne obstacle il n'est point retenu ;
Et, fixant de ses vœux l'inconstance fatale,
Phèdre depuis long-temps ne craint plus de rivale.
Enfin, en le cherchant, je suivrai mon devoir,
Et je fuirai ces lieux que je n'ose plus voir.

THÉRAMÈNE.

Hé, depuis quand, Seigneur, craignez-vous la présence
De ces paisibles lieux, si chers à votre enfance,
Et dont je vous ai vu préférer le séjour
Au tumulte pompeux d'Athène et de la cour ?
Quel péril, ou plutôt quel chagrin vous en chasse ?

HIPPOLYTE.

Cet heureux temps n'est plus. Tout a changé de face
Depuis que sur ces bords les dieux ont envoyé
La fille de Minos et de Pasiphaé.

THÉRAMÈNE.

J'entends. De vos douleurs la cause m'est connue.
Phèdre ici vous chagrine, et blesse votre vue.
Dangereuse marâtre, à peine elle vous vit,
Que votre exil d'abord signala son crédit.

Mais sa haine sur vous, autrefois attachée,
Ou s'est évanouie, ou s'est bien relâchée.
Et d'ailleurs quels périls vous peut faire courir
Une femme mourante, et qui cherche à mourir?
Phèdre, atteinte d'un mal qu'elle s'obstine à taire,
Lasse enfin d'elle-même, et du jour qui l'éclaire,
Peut-elle contre vous former quelques desseins?

HIPPOLYTE.

Sa vaine inimitié n'est pas ce que je crains.
Hippolyte, en partant, fuit une autre ennemie.
Je fuis, je l'avoûrai, cette jeune Aricie,
Reste d'un sang fatal conjuré contre nous.

THÉRAMÈNE.

Quoi! vous-même, Seigneur, la persécutez-vous?
Jamais l'aimable sœur des cruels Pallantides
Trempa-t-elle au complot de ses frères perfides?
Et devez-vous haïr ses innocens appas?

HIPPOLYTE.

Si je la haïssais, je ne la fuirais pas.

THÉRAMÈNE.

Seigneur, m'est-il permis d'expliquer votre fuite?
Pourriez-vous n'être plus ce superbe Hippolyte,
Implacable ennemi des amoureuses lois
Et d'un joug que Thésée a subi tant de fois?
Vénus, par votre orgueil si long-temps méprisée,
Voudrait-elle à la fin justifier Thésée?
Et, vous mettant au rang du reste des mortels,
Vous a-t-elle forcé d'encenser ses autels?
Aimeriez-vous, Seigneur?

HIPPOLYTE.

                Ami, qu'oses-tu dire?

Toi qui connais mon cœur depuis que je respire,
Des sentimens d'un cœur si fier, si dédaigneux,
Peux-tu me demander le désaveu honteux?
C'est peu qu'avec son lait une mère amazone
M'ait fait sucer encor cet orgueil qui t'étonne.
Dans un âge plus mûr moi-même parvenu,
Je me suis applaudi, quand je me suis connu.
Attaché près de moi par un zèle sincère,
Tu me contais alors l'histoire de mon père.
Tu sais combien mon âme, attentive à ta voix,
S'échauffait au récit de ses nobles exploits;
Quand tu me dépeignais ce héros intrépide,
Consolant les mortels de l'absence d'Alcide,
Les monstres étouffés, et les brigands punis,
Procuste, Cercyon, et Scyrron, et Sinnis,
Et les os dispersés du géant d'Épidaure,
Et la Crète fumant du sang de Minotaure.
Mais, quand tu récitais des faits moins glorieux,
Sa foi partout offerte, et reçue en cent lieux;
Hélène à ses parens dans Sparte dérobée;
Salamine témoin des pleurs de Péribée;
Tant d'autres dont les noms lui sont même échappés,
Trop crédules esprits que sa flamme a trompés!
Ariane aux rochers contant ses injustices;
Phèdre enlevée enfin sous de meilleurs auspices:
Tu sais comme, à regret écoutant ce discours,
Je te pressais souvent d'en arrêter le cours.
Heureux, si j'avais pu ravir à la mémoire
Cette indigne moitié d'une si belle histoire.
Et moi-même, à mon tour, je me verrais lié?
Et les dieux jusque-là m'auraient humilié?

Dans mes lâches soupirs d'autant plus méprisable,
Qu'un long amas d'honneurs rend Thésée excusable,
Qu'aucuns monstres par moi domptés jusqu'aujourd'hui
Ne m'ont acquis le droit de faillir comme lui.
Quand même ma fierté pourrait s'être adoucie,
Aurais-je pour vainqueur dû choisir Aricie?
Ne souviendrait-il plus à mes sens égarés
De l'obstacle éternel qui nous a séparés?
Mon père la réprouve; et, par des lois sévères,
Il défend de donner des neveux à ses frères.
D'une tige coupable il craint un rejeton.
Il veut avec leur sœur ensevelir leur nom;
Et que jusqu'au tombeau, soumise à sa tutelle,
Jamais les feux d'hymen ne s'allument pour elle.
Dois-je épouser ses droits contre un père irrité?
Donnerai-je l'exemple à la témérité?
Et dans un fol amour ma jeunesse embarquée...

THÉRAMÈNE.

Ah, Seigneur! si votre heure est une fois marquée,
Le Ciel de nos raisons ne sait point s'informer.
Thésée ouvre vos yeux en voulant les fermer;
Et sa haine, irritant une flamme rebelle,
Prête à son ennemie une grâce nouvelle.
Enfin, d'un chaste amour pourquoi vous effrayer?
S'il a quelque douceur, n'osez-vous l'essayer?
En croirez-vous toujours un farouche scrupule?
Craint-on de s'égarer sur les traces d'Hercule?
Quels courages Vénus n'a-t-elle pas domptés?
Vous-même où seriez-vous, vous qui la combattez,
Si toujours Antiope, à ses lois opposée,
D'une pudique ardeur n'eût brûlé pour Thésée?

Mais que sert d'affecter un superbe discours?
Avouez-le, tout change; et, depuis quelques jours,
On vous voit moins souvent, orgueilleux et sauvage,
Tantôt faire voler un char sur le rivage,
Tantôt, savant dans l'art par Neptune inventé,
Rendre docile au frein un coursier indompté.
Les forêts de nos cris moins souvent retentissent.
Chargés d'un feu secret vos yeux s'appesantissent.
Il n'en faut point douter, vous aimez, vous brûlez,
Vous périssez d'un mal que vous dissimulez.
La charmante Aricie a-t-elle su vous plaire?

HIPPOLYTE.

Théramène, je pars, et vais chercher mon père.

THÉRAMÈNE.

Ne verrez-vous point Phèdre avant que de partir,
Seigneur?

HIPPOLYTE.

C'est mon dessein; tu peux l'en avertir.
Voyons-la, puisqu'ainsi mon devoir me l'ordonne.
Mais quel nouveau malheur trouble sa chère OEnone?

SCÈNE II.

HIPPOLYTE, OENONE, THÉRAMÈNE.

OENONE.

Hélas, Seigneur! quel trouble au mien peut être égal?
La reine touche presque à son terme fatal.
En vain à l'observer jour et nuit je m'attache,
Elle meurt dans mes bras d'un mal qu'elle me cache.
Un désordre éternel règne dans mon esprit.

Son chagrin inquiet l'arrache de son lit.
Elle veut voir le jour, et sa douleur profonde
M'ordonne toutefois d'écarter tout le monde...
Elle vient.

HIPPOLYTE.

Il suffit; je la laisse en ces lieux,
Et ne lui montre point un visage odieux.

SCÈNE III.

PHÈDRE, OENONE.

PHÈDRE.

N'allons point plus avant. Demeurons, chère OEnone.
Je ne me soutiens plus. Ma force m'abandonne.
Mes yeux sont éblouis du jour que je revoi;
Et mes genoux tremblans se dérobent sous moi.
Hélas!

(*Elle s'assied.*)

OENONE.
Dieux tout-puissans, que nos pleurs vous apaisent?
PHÈDRE.
Que ces vains ornemens, que ces voiles me pèsent!
Quelle importune main, en formant tous ces nœuds,
A pris soin sur mon front d'assembler mes cheveux?
Tout m'afflige et me nuit, et conspire à me nuire.
OENONE.
Comme on voit tous ses vœux l'un l'autre se détruire!
Vous-même, condamnant vos injustes desseins,
Tantôt à vous parer vous excitiez nos mains,
Vous-même, rappelant votre force première,

Vous vouliez vous montrer et revoir la lumière.
Vous la voyez, Madame; et, prête à vous cacher,
Vous haïssez le jour que vous veniez chercher.

PHÈDRE.

Noble et brillant auteur d'une triste famille,
Toi, dont ma mère osait se vanter d'être fille,
Qui peut-être rougis du trouble où tu me vois,
Soleil, je te viens voir pour la dernière fois!

OENONE.

Quoi! vous ne perdrez point cette cruelle envie?
Vous verrai-je toujours, renonçant à la vie,
Faire de votre mort les funestes apprêts?

PHÈDRE.

Dieux, que ne suis-je assise à l'ombre des forêts!
Quand pourrai-je, au travers d'une noble poussière,
Suivre de l'œil un char fuyant dans la carrière?

OENONE.

Quoi, Madame?

PHÈDRE.

Insensée, où suis-je, et qu'ai-je dit?
Où laissai-je égarer mes vœux et mon esprit?
Je l'ai perdu. Les dieux m'en ont ravi l'usage.
OEnone, la rougeur me couvre le visage.
Je te laisse trop voir mes honteuses douleurs;
Et mes yeux, malgré moi, se remplissent de pleurs.

OENONE.

Ah! s'il vous faut rougir, rougissez d'un silence
Qui de vos maux encore aigrit la violence.
Rebelle à tous nos soins, sourde à tous nos discours,
Voulez-vous sans pitié laisser finir vos jours?
Quelle fureur les borne au milieu de leur course?

Quel charme ou quel poison en a tari la source?
Les ombres par trois fois ont obscurci les cieux
Depuis que le sommeil n'est entré dans vos yeux;
Et le jour a trois fois chassé la nuit obscure
Depuis que votre corps languit sans nourriture.
A quel affreux dessein vous laissez-vous tenter?
De quel droit sur vous-même osez-vous attenter?
Vous offensez les dieux auteurs de votre vie;
Vous trahissez l'époux à qui la foi vous lie;
Vous trahissez enfin vos enfans malheureux,
Que vous précipitez sous un joug rigoureux.
Songez qu'un même jour leur ravira leur mère,
Et rendra l'espérance au fils de l'étrangère,
A ce fier ennemi de vous, de votre sang,
Ce fils qu'une Amazone a porté dans son flanc,
Cet Hippolyte...

PHÈDRE.

Ah, dieux!

OENONE.

Ce reproche vous touche?

PHÈDRE.

Malheureuse! quel nom est sorti de ta bouche?

OENONE.

Hé bien! votre colère éclate avec raison;
J'aime à vous voir frémir à ce funeste nom.
Vivez donc. Que l'amour, le devoir vous excite.
Vivez, ne souffrez pas que le fils d'une Scythe,
Accablant vos enfans d'un empire odieux,
Commande au plus beau sang de la Grèce et des dieux.
Mais ne différez point, chaque moment vous tue.
Réparez promptement votre force abattue.

Tandis que de vos jours, prêts à se consumer,
Le flambeau dure encore et peut se rallumer.

PHÈDRE.

J'en ai trop prolongé la coupable durée.

OENONE.

Quoi? De quelques remords êtes-vous déchirée?
Quel crime a pû produire un trouble si pressant?
Vos mains n'ont point trempé dans le sang innocent.

PHÈDRE.

Grâces au Ciel mes mains ne sont point criminelles.
Plût aux dieux que mon cœur fût innocent comme elles!

OENONE.

Et quel affreux projet avez-vous enfanté
Dont votre cœur encor doive être épouvanté?

PHÈDRE.

Je t'en ai dit assez. Épargne-moi le reste.
Je meurs pour ne point faire un aveu si funeste.

OENONE.

Mourez donc, et gardez un silence inhumain.
Mais pour fermer vos yeux cherchez une autre main.
Quoiqu'il vous reste à peine une faible lumière,
Mon âme chez les morts descendra la première,
Mille chemins ouverts y conduisent toujours,
Et ma juste douleur choisira les plus courts.
Cruelle, quand ma foi vous a-t-elle déçue?
Songez-vous qu'en naissant mes bras vous ont reçue?
Mon pays, mes enfans, pour vous j'ai tout quitté.
Réserviez-vous ce prix à ma fidélité?

PHÈDRE.

Quel fruit espères-tu de tant de violence?
Tu frémiras d'horreur si je romps le silence.

OENONE.

Et que me direz-vous qui ne cède, grands dieux !
A l'horreur de vous voir expirer à mes yeux ?

PHÈDRE.

Quand tu sauras mon crime et le sort qui m'accable,
Je n'en mourrai pas moins, j'en mourrai plus coupable.

OENONE.

Madame, au nom des pleurs que pour vous j'ai versés,
Par vos faibles genoux que je tiens embrassés,
Délivrez mon esprit de ce funeste doute.

PHÈDRE.

Tu le veux. Lève-toi.

OENONE.

Parlez. Je vous écoute.

PHÈDRE.

Ciel ! que lui vais-je dire, et par où commencer !

OENONE.

Par de vaines frayeurs cessez de m'offenser.

PHÈDRE.

O haine de Vénus ! O fatale colère !
Dans quels égaremens l'amour jeta ma mère !

OENONE.

Oublions-les, Madame ; et qu'à tout l'avenir
Un silence éternel cache ce souvenir.

PHÈDRE.

Ariane, ma sœur, de quel amour blessée,
Vous mourûtes aux bords où vous fûtes laissée !

OENONE.

Que faites-vous, Madame ? Et quel mortel ennui
Contre tout votre sang vous anime aujourd'hui ?

PHÈDRE.

Puisque Vénus le veut, de ce sang déplorable
Je péris la dernière et la plus misérable.

OENONE.

Aimez-vous?

PHÈDRE.

De l'amour j'ai toutes les fureurs.

OENONE.

Pour qui?

PHÈDRE.

Tu vas ouïr le comble des horreurs.
J'aime... A ce nom fatal je tremble, je frissonne.
J'aime...

OENONE.

Qui?

PHÈDRE.

Tu connais ce fils de l'amazone,
Ce prince si long-temps par moi-même opprimé.

OENONE.

Hippolyte? Grands dieux!

PHÈDRE.

C'est toi qui l'as nommé.

OENONE.

Juste Ciel, tout mon sang dans mes veines se glace!
O désespoir! O crime! O déplorable race!
Voyage infortuné! Rivage malheureux,
Fallait-il approcher de tes bords dangereux?

PHÈDRE.

Mon mal vient de plus loin. A peine au fils d'Égée
Sous les lois de l'hymen je m'étais engagée,

Mon repos, mon bonheur semblait être affermi.
Athènes me montra mon superbe ennemi.
Je le vis, je rougis, je pâlis à sa vue.
Un trouble s'éleva dans mon âme éperdue.
Mes yeux ne voyaient plus, je ne pouvais parler,
Je sentis tout mon corps et transir et brûler.
Je reconnus Vénus et ses feux redoutables,
D'un sang qu'elle poursuit tourmens inévitables.
Par des vœux assidus je crus les détourner.
Je lui bâtis un temple, et pris soin de l'orner.
De victimes moi-même, à toute heure entourée,
Je cherchais dans leurs flancs ma raison égarée.
D'un incurable amour remèdes impuissans !
En vain sur les autels ma main brûlait l'encens.
Quand ma bouche implorait le nom de la déesse,
J'adorais Hippolyte ; et, le voyant sans cesse,
Même au pied des autels que je faisais fumer,
J'offrais tout à ce dieu que je n'osais nommer.
Je l'évitais partout. O comble de misère !
Mes yeux le retrouvaient dans les traits de son père.
Contre moi-même enfin j'osai me révolter.
J'excitai mon courage à le persécuter.
Pour bannir l'ennemi dont j'étais idolâtre,
J'affectai les chagrins d'une injuste marâtre.
Je pressai son exil ; et mes cris éternels
L'arrachèrent du sein et des bras paternels.
Je respirais, OEnone ; et, depuis son absence,
Mes jours moins agités coulaient dans l'innocence.
Soumise à mon époux, et cachant mes ennuis,
De son fatal hymen je cultivais les fruits.
Vaines précautions ! Cruelle destinée !

Par mon époux lui-même à Trézène amenée,
J'ai revu l'ennemi que j'avais éloigné.
Ma blessure trop vive aussitôt a saigné.
Ce n'est plus une ardeur dans mes veines cachée;
C'est Vénus tout entière à sa proie attachée.
J'ai conçu pour mon crime une juste terreur.
J'ai pris la vie en haine, et ma flamme en horreur.
Je voulais en mourant prendre soin de ma gloire,
Et dérober au jour une flamme si noire.
Je n'ai pu soutenir tes larmes, tes combats.
Je t'ai tout avoué, je ne m'en repens pas,
Pourvu que, de ma mort respectant les approches,
Tu ne m'affliges plus par d'injustes reproches;
Et que tes vains secours cessent de rappeler
Un reste de chaleur tout prêt à s'exhaler.

SCÈNE IV.

PHÈDRE, OENONE, PANOPE.

PANOPE.

Je voudrais vous cacher une triste nouvelle,
Madame; mais il faut que je vous la révèle.
La mort vous a ravi votre invincible époux,
Et ce malheur n'est plus ignoré que de vous.

OENONE.

Panope, que dis-tu?

PANOPE.

Que la reine abusée
En vain demande au Ciel le retour de Thésée;
Et que, par des vaisseaux arrivés dans le port,

Hippolyte son fils vient d'apprendre sa mort.
PHÈDRE.
Ciel !

PANOPE.
Pour le choix d'un maître Athènes se partage.
Au prince votre fils l'un donne son suffrage,
Madame; et de l'état l'autre oubliant les lois,
Au fils de l'étrangère ose donner sa voix.
On dit même qu'au trône une brigue insolente
Veut placer Aricie et le sang de Pallante.
J'ai cru de ce péril vous devoir avertir.
Déjà même Hippolyte est tout prêt à partir;
Et l'on craint, s'il paraît dans ce nouvel orage,
Qu'il n'entraîne après lui tout un peuple volage.

OENONE.
Panope, c'est assez. La reine, qui t'entend,
Ne négligera point cet avis important.

SCÈNE V.

PHÈDRE, OENONE.

OENONE.
Madame, je cessais de vous presser de vivre;
Déjà même au tombeau je songeais à vous suivre;
Pour vous en détourner je n'avais plus de voix.
Mais ce nouveau malheur vous prescrit d'autres lois.
Votre fortune change, et prend une autre face.
Le roi n'est plus, Madame; il faut prendre sa place.
Sa mort vous laisse un fils à qui vous vous devez,
Esclave s'il vous perd, et roi si vous vivez.

Sur qui dans son malheur voulez-vous qu'il s'appuie ?
Ses larmes n'auront plus de main qui les essuie ;
Et ses cris innocens, portés jusques aux dieux,
Iront contre sa mère irriter ses aïeux.
Vivez ; vous n'avez plus de reproche à vous faire :
Votre flamme devient une flamme ordinaire.
Thésée, en expirant, vient de rompre les nœuds
Qui faisaient tout le crime et l'horreur de vos feux.
Hippolyte pour vous devient moins redoutable,
Et vous pouvez le voir sans vous rendre coupable.
Peut-être, convaincu de votre aversion,
Il va donner un chef à la sédition.
Détrompez son erreur, fléchissez son courage.
Roi de ces bords heureux, Trézène est son partage.
Mais il sait que les lois donnent à votre fils
Les superbes remparts que Minerve a bâtis.
Vous avez l'un et l'autre une juste ennemie.
Unissez-vous tous deux pour combattre Aricie.

PHÈDRE.

Hé bien, à tes conseils je me laisse entraîner.
Vivons, si vers la vie on peut me ramener,
Et si l'amour d'un fils, en ce moment funeste,
De mes faibles esprits peut ranimer le reste.

FIN DU PREMIER ACTE.

ACTE II.

SCÈNE PREMIÈRE.

ARICIE, ISMÈNE.

ARICIE.

Hippolyte demande à me voir en ce lieu?
Hippolyte me cherche et veut me dire adieu?
Ismène, dis-tu vrai? N'es-tu point abusée?

ISMÈNE.

C'est le premier effet de la mort de Thésée.
Préparez-vous, Madame, à voir de tous côtés
Voler vers vous les cœurs par Thésée écartés.
Aricie à la fin de son sort est maîtresse,
Et bientôt à ses pieds verra toute la Grèce.

ARICIE.

Ce n'est donc point, Ismène, un bruit mal affermi?
Je cesse d'être esclave, et n'ai plus d'ennemi?

ISMÈNE.

Non, Madame, les dieux ne vous sont plus contraires,
Et Thésée a rejoint les mânes de vos frères.

ARICIE.

Dit-on quelle aventure a terminé ses jours?

ISMÈNE.

On sème de sa mort d'incroyables discours.

On dit que, ravisseur d'une amante nouvelle,
Les flots ont englouti cet époux infidèle.
On dit même, et ce bruit est partout répandu,
Qu'avec Pirithoüs aux enfers descendu,
Il a vu le Cocyte et les rivages sombres,
Et s'est montré vivant aux infernales ombres;
Mais qu'il n'a pu sortir de ce triste séjour,
Et repasser les bords qu'on passe sans retour.

ARICIE.

Croirai-je qu'un mortel, avant sa dernière heure,
Peut pénétrer des morts la profonde demeure?
Quel charme l'attirait sur ces bords redoutés?

ISMÈNE.

Thésée est mort, Madame, et vous seule en doutez.
Athènes en gémit, Trézène en est instruite,
Et déjà pour son roi reconnaît Hippolyte.
Phèdre, dans ce palais tremblante pour son fils,
De ses amis troublés demande les avis.

ARICIE.

Et tu crois que pour moi, plus humain que son père,
Hippolyte rendra ma chaîne plus légère?
Qu'il plaindra mes malheurs?

ISMÈNE.

     Madame, je le croi.

ARICIE.

L'insensible Hippolyte est-il connu de toi?
Sur quel frivole espoir penses-tu qu'il me plaigne,
Et respecte en moi seule un sexe qu'il dédaigne?
Tu vois depuis quel temps il évite nos pas,
Et cherche tous les lieux où nous ne sommes pas.

ISMÈNE.

Je sais de ses froideurs tout ce que l'on récite.
Mais j'ai vu près de vous ce superbe Hippolyte ;
Et même en le voyant le bruit de sa fierté
A redoublé pour lui ma curiosité.
Sa présence à ce bruit n'a point paru répondre.
Dès vos premiers regards je l'ai vu se confondre.
Ses yeux, qui vainement voulaient vous éviter,
Déjà pleins de langueur ne pouvaient vous quitter.
Le nom d'amant peut-être offense son courage ;
Mais il en a les yeux, s'il n'en a le langage.

ARICIE.

Que mon cœur, cher Ismène, écoute avidement
Un discours qui peut-être a peu de fondement !
O toi, qui me connais, te semblait-il croyable
Que le triste jouet d'un sort impitoyable,
Un cœur toujours nourri d'amertume et de pleurs,
Dût connaître l'amour et ses folles douleurs ?
Reste du sang d'un roi noble fils de la terre,
Je suis seule échappée aux fureurs de la guerre.
J'ai perdu dans la fleur de leur jeune saison,
Six frères, quel espoir d'une illustre maison !
Le fer moissonna tout ; et la terre humectée
But à regret le sang des neveux d'Érectée.
Tu sais depuis leur mort quelle sévère loi
Défend à tous les Grecs de soupirer pour moi.
On craint que de la sœur les flammes téméraires
Ne raniment un jour la cendre de ses frères.
Mais tu sais bien aussi de quel œil dédaigneux
Je regardais ce soin d'un vainqueur soupçonneux.

Tu sais que de tout temps à l'amour opposée,
Je rendais souvent grâce à l'injuste Thésée,
Dont l'heureuse rigueur secondait mes mépris.
Mes yeux alors, mes yeux n'avaient pas vu son fils.
Non que, par les yeux seuls lâchement enchantée,
J'aime en lui sa beauté, sa grâce tant vantée,
Présens dont la nature a voulu l'honorer,
Qu'il méprise lui-même et qu'il semble ignorer.
J'aime, je prise en lui de plus nobles richesses,
Les vertus de son père, et non point les faiblesses.
J'aime, je l'avoûrai, cet orgueil généreux
Qui jamais n'a fléchi sous le joug amoureux.
Phèdre en vain s'honorait des soupirs de Thésée.
Pour moi, je suis plus fière, et fuis la gloire aisée
D'arracher un hommage à mille autres offert,
Et d'entrer dans un cœur de toutes parts ouvert.
Mais de faire fléchir un courage inflexible,
De porter la douleur dans une âme insensible,
D'enchaîner un captif de ses fers étonné,
Contre un joug qui lui plaît vainement mutiné ;
C'est là ce que je veux, c'est là ce qui m'irrite.
Hercule à désarmer coûtait moins qu'Hippolyte ;
Et, vaincu plus souvent, et plutôt surmonté,
Préparait moins de gloire aux yeux qui l'ont dompté.
Mais, chère Ismène, hélas! quelle est mon imprudence!
On ne m'opposera que trop de résistance.
Tu m'entendras peut-être, humble dans mon ennui,
Gémir du même orgueil que j'admire aujourd'hui.
Hippolyte aimerait! Par quel bonheur extrême
Aurais-je pu fléchir...

ISMÈNE.

Vous l'entendrez lui-même.
Il vient à vous.

SCÈNE II.

HIPPOLYTE, ARICIE, ISMÈNE.

HIPPOLYTE.

Madame, avant que de partir,
J'ai cru de votre sort vous devoir avertir.
Mon père ne vit plus. Ma juste défiance
Présageait les raisons de sa trop longue absence.
La mort seule, bornant ses travaux éclatans,
Pouvait à l'univers le cacher si long-temps.
Les dieux livrent enfin à la Parque homicide
L'ami, le compagnon, le successeur d'Alcide.
Je crois que votre haine, épargnant ses vertus,
Écoute sans regret ces noms qui lui sont dus.
Un espoir adoucit ma tristesse mortelle.
Je puis vous affranchir d'une austère tutelle.
Je révoque des lois dont j'ai plaint la rigueur.
Vous pouvez disposer de vous, de votre cœur ;
Et, dans cette Trézène, aujourd'hui mon partage,
De mon aïeul Pitthée autrefois l'héritage,
Qui m'a, sans balancer, reconnu pour son roi,
Je vous laisse aussi libre, et plus libre que moi.

ARICIE.

Modérez des bontés dont l'excès m'embarrasse.
D'un soin si généreux honorer ma disgrâce,
Seigneur, c'est me ranger, plus que vous ne pensez,

Sous ces austères lois dont vous me dispensez.
HIPPOLYTE.
Du choix d'un successeur Athènes incertaine
Parle de vous, me nomme, et le fils de la reine.
ARICIE.
De moi, Seigneur ?
HIPPOLYTE.
Je sais, sans vouloir me flatter,
Qu'une superbe loi semble me rejeter.
La Grèce me reproche une mère étrangère.
Mais, si pour concurrent je n'avais que mon frère,
Madame, j'ai sur lui de véritables droits
Que je saurais sauver du caprice des lois.
Un frein plus légitime arrête mon audace.
Je vous cède, ou plutôt je vous rends une place,
Un sceptre que jadis vos aïeux ont reçu
De ce fameux mortel que la terre a conçu.
L'adoption le mit entre les mains d'Égée.
Athènes, par mon père accrue et protégée,
Reconnut avec joie un roi si généreux,
Et laissa dans l'oubli vos frères malheureux.
Athènes dans ses murs maintenant vous rappelle.
Assez elle a gémi d'une longue querelle;
Assez dans ses sillons votre sang englouti
A fait fumer le sang dont il était sorti.
Trézène m'obéit. Les campagnes de Crète
Offrent au fils de Phèdre une riche retraite.
L'Attique est votre bien. Je pars, et vais pour vous
Réunir tous les vœux partagés entre nous.
ARICIE.
De tout ce que j'entends étonnée et confuse,

Je crains presque, je crains qu'un songe ne m'abuse.
Veillé-je? Puis-je croire un semblable dessein?
Quel dieu, Seigneur, quel dieu l'a mis dans votre sein?
Qu'à bon droit votre gloire en tous lieux est semée!
Et que la vérité passe la renommée!
Vous-même en ma faveur vous voulez vous trahir!
N'était-ce pas assez de ne me point haïr?
Et d'avoir si long-temps pu défendre votre âme
De cette inimitié...

HIPPOLYTE.

Moi vous haïr, Madame!
Avec quelque couleur qu'on ait peint ma fierté,
Croit-on que dans ses flancs un monstre m'a porté?
Quelles sauvages mœurs, quelle haine endurcie
Pourrait en vous voyant n'être point adoucie?
Ai-je pu résister au charme décevant...

ARICIE.

Quoi, Seigneur!

HIPPOLYTE.

Je me suis engagé trop avant.
Je vois que la raison cède à la violence.
Puisque j'ai commencé de rompre le silence,
Madame, il faut poursuivre. Il faut vous informer
D'un secret que mon cœur ne peut plus renfermer.
Vous voyez devant vous un prince déplorable,
D'un téméraire orgueil exemple mémorable.
Moi qui, contre l'amour fièrement révolté,
Aux fers de ses captifs ai long-temps insulté;
Qui des faibles mortels déplorant les naufrages,
Pensais toujours du bord contempler les orages,
Asservi maintenant sous la commune loi,

Par quel trouble me vois-je emporté loin de moi!
Un moment a vaincu mon audace imprudente.
Cette âme si superbe est enfin dépendante.
Depuis près de six mois, honteux, désespéré,
Portant partout le trait dont je suis déchiré,
Contre vous, contre moi vainement je m'éprouve.
Présente je vous fuis, absente je vous trouve.
Dans le fond des forêts votre image me suit.
La lumière du jour, les ombres de la nuit,
Tout retrace à mes yeux les charmes que j'évite;
Tout vous livre à l'envi le rebelle Hippolyte.
Moi-même, pour tout fruit de mes soins superflus,
Maintenant je me cherche, et ne me trouve plus.
Mon arc, mes javelots, mon char, tout m'importune.
Je ne me souviens plus des leçons de Neptune.
Mes seuls gémissemens font retentir les bois,
Et mes coursiers oisifs ont oublié ma voix.
Peut-être le récit d'un amour si sauvage
Vous fait, en m'écoutant, rougir de votre ouvrage.
D'un cœur qui s'offre à vous quel farouche entretien!
Quel étrange captif pour un si beau lien!
Mais l'offrande à vos yeux en doit être plus chère.
Songez que je vous parle une langue étrangère;
Et ne rejetez pas des vœux mal exprimés,
Qu'Hippolyte sans vous n'aurait jamais formés.

SCÈNE III.

HIPPOLYTE, ARICIE, THÉRAMÈNE, ISMÈNE.

THÉRAMÈNE.
Seigneur, la reine vient, et je l'ai devancée;
Elle vous cherche.

HIPPOLYTE.
Moi?

THÉRAMÈNE.
J'ignore sa pensée;
Mais on vous est venu demander de sa part.
Phèdre veut vous parler avant votre départ.

HIPPOLYTE.
Phèdre! Que lui dirai-je? Et que peut-elle attendre?...

ARICIE.
Seigneur, vous ne pouvez refuser de l'entendre.
Quoique trop convaincu de son inimitié,
Vous devez à ses pleurs quelque ombre de pitié.

HIPPOLYTE.
Cependant vous sortez. Et je pars. Et j'ignore
Si je n'offense point les charmes que j'adore.
J'ignore si ce cœur que je laisse en vos mains...

ARICIE.
Partez, Prince, et suivez vos généreux desseins.
Rendez de mon pouvoir Athènes tributaire.
J'accepte tous les dons que vous me voulez faire.
Mais cet empire enfin si grand, si glorieux,
N'est pas de vos présens le plus cher à mes yeux.

SCÈNE IV.

HIPPOLYTE, THÉRAMÈNE.

HIPPOLYTE.

Ami, tout est-il prêt? Mais la reine s'avance.
Va, que pour le départ tout s'arme en diligence.
Fais donner le signal, cours, ordonne, et revient
Me délivrer bientôt d'un fâcheux entretien.

SCÈNE V.

PHÈDRE, HIPPOLYTE, OENONE.

PHÈDRE, *à OEnone, dans le fond du théâtre.*
Le voici. Vers mon cœur tout mon sang se retire.
J'oublie en le voyant ce que je viens lui dire.

OENONE.
Souvenez-vous d'un fils qui n'espère qu'en vous.

PHÈDRE.
On dit qu'un prompt départ vous éloigne de nous,
Seigneur. A vos douleurs je viens joindre mes larmes.
Je vous viens pour un fils expliquer mes alarmes.
Mon fils n'a plus de père, et le jour n'est pas loin
Qui de ma mort encor doit le rendre témoin.
Déjà mille ennemis attaquent son enfance.
Vous seul pouvez contre eux embrasser sa défense.
Mais un secret remords agite mes esprits.
Je crains d'avoir fermé votre oreille à ses cris.
Je tremble que sur lui votre juste colère

Ne poursuive bientôt une odieuse mère.
HIPPOLYTE.
Madame, je n'ai point des sentimens si bas.
PHÈDRE.
Quand vous me haïriez, je ne m'en plaindrais pas,
Seigneur. Vous m'avez vue attachée à vous nuire ;
Dans le fond de mon cœur vous ne pouviez pas lire.
A votre inimitié j'ai pris soin de m'offrir.
Aux bords que j'habitais je n'ai pu vous souffrir.
En public, en secret, contre vous déclarée,
J'ai voulu par des mers en être séparée.
J'ai même défendu, par une expresse loi,
Qu'on osât prononcer votre nom devant moi.
Si pourtant à l'offense on mesure la peine ;
Si la haine peut seule attirer votre haine,
Jamais femme ne fut plus digne de pitié,
Et moins digne, Seigneur, de votre inimitié.
HIPPOLYTE.
Des droits de ses enfans une mère jalouse
Pardonne rarement aux fils d'une autre épouse,
Madame, je le sais. Les soupçons importuns
Sont d'un second hymen les fruits les plus communs.
Tout autre aurait pour moi pris les mêmes ombrages,
Et j'en aurais peut-être essuyé plus d'outrages.
PHÈDRE.
Ah ! Seigneur, que le Ciel, j'ose ici l'attester,
De cette loi commune a voulu m'excepter !
Qu'un soin bien différent me trouble et me dévore !
HIPPOLYTE.
Madame, il n'est pas temps de vous troubler encore.
Peut-être votre époux voit encore le jour.

Le Ciel peut à nos pleurs accorder son retour.
Neptune le protége, et ce dieu tutélaire
Ne sera pas en vain imploré par mon père.

PHÈDRE.

On ne voit point deux fois le rivage des morts,
Seigneur. Puisque Thésée a vu les sombres bords,
En vain vous espérez qu'un dieu vous le renvoie;
Et l'avare Achéron ne lâche point sa proie.
Que dis-je? Il n'est point mort puisqu'il respire en vous.
Toujours devant mes yeux je crois voir mon époux.
Je le vois, je lui parle, et mon cœur... Je m'égare,
Seigneur; ma folle ardeur malgré moi se déclare.

HIPPOLYTE.

Je vois de votre amour l'effet prodigieux.
Tout mort qu'il est, Thésée est présent à vos yeux.
Toujours de son amour votre âme est embrasée.

PHÈDRE.

Oui, Prince, je languis, je brûle pour Thésée.
Je l'aime, non point tel que l'ont vu les enfers,
Volage adorateur de mille objets divers,
Qui va du dieu des morts déshonorer la couche;
Mais fidèle, mais fier, et même un peu farouche,
Charmant, jeune, traînant tous les cœurs après soi,
Tel qu'on dépeint nos dieux, ou tel que je vous voi.
Il avait votre port, vos yeux, votre langage,
Cette noble pudeur colorait son visage,
Lorsque de notre Crète il traversa les flots,
Digne sujet des vœux des filles de Minos.
Que faisiez-vous alors? Pourquoi, sans Hippolyte,
Des héros de la Grèce assembla-t-il l'élite?
Pourquoi, trop jeune encor, ne pûtes-vous alors

Entrer dans le vaisseau qui le mit sur nos bords?
Par vous aurait péri le monstre de la Crète,
Malgré tous les détours de sa vaste retraite.
Pour en développer l'embarras incertain,
Ma sœur du fil fatal eût armé votre main.
Mais non, dans ce dessein je l'aurais devancée.
L'amour m'en eût d'abord inspiré la pensée.
C'est moi, Prince, c'est moi, dont l'utile secours
Vous eût du labyrinthe enseigné les détours.
Que de soins m'eût coûté cette tête charmante!
Un fil n'eût point assez rassuré votre amante.
Compagne du péril qu'il vous fallait chercher,
Moi-même devant vous j'aurais voulu marcher;
Et Phèdre au labyrinthe avec vous descendue,
Se serait avec vous retrouvée ou perdue.

HIPPOLYTE.

Dieux, qu'est-ce que j'entends? Madame, oubliez-vous
Que Thésée est mon père, et qu'il est votre époux?

PHÈDRE.

Et sur quoi jugez-vous que j'en perds la mémoire,
Prince? Aurais-je perdu tout le soin de ma gloire?

HIPPOLYTE.

Madame, pardonnez. J'avoue en rougissant
Que j'accusais à tort un discours innocent.
Ma honte ne peut plus soutenir votre vue;
Et je vais...

PHÈDRE.

Ah, cruel, tu m'as trop entendue!
Je t'en ai dit assez pour te tirer d'erreur.
Hé bien, connais donc Phèdre et toute sa fureur.
J'aime. Ne pense pas qu'au moment que je t'aime,

Innocente à mes yeux, je m'approuve moi-même ;
Ni que du fol amour qui trouble ma raison,
Ma lâche complaisance ait nourri le poison.
Objet infortuné des vengeances célestes,
Je m'abhorre encor plus que tu ne me détestes.
Les dieux m'en sont témoins, ces dieux qui dans mon flanc
Ont allumé le feu fatal à tout mon sang,
Ces dieux qui se sont fait une gloire cruelle
De séduire le cœur d'une faible mortelle.
Toi-même en ton esprit rappelle le passé.
C'est peu de t'avoir fui, cruel, je t'ai chassé.
J'ai voulu te paraître odieuse, inhumaine.
Pour mieux te résister, j'ai recherché ta haine.
De quoi m'ont profité mes inutiles soins ?
Tu me haïssais plus, je ne t'aimais pas moins.
Tes malheurs te prêtaient encor de nouveaux charmes.
J'ai langui, j'ai séché dans les feux, dans les larmes.
Il suffit de tes yeux pour t'en persuader,
Si tes yeux un moment pouvaient me regarder.
Que dis-je ? Cet aveu que je te viens de faire,
Cet aveu si honteux, le crois-tu volontaire ?
Tremblante pour un fils que je n'osais trahir,
Je te venais prier de ne le point haïr.
Faibles projets d'un cœur trop plein de ce qu'il aime !
Hélas, je ne t'ai pu parler que de toi-même !
Venge-toi, punis-moi d'un odieux amour.
Digne fils du héros qui t'a donné le jour,
Délivre l'univers d'un monstre qui t'irrite.
La veuve de Thésée ose aimer Hippolyte !
Crois-moi, ce monstre affreux ne doit point t'échapper.
Voilà mon cœur. C'est là que ta main doit frapper.

Impatient déjà d'expier son offense,
Au-devant de ton bras je le sens qui s'avance.
Frappe. Ou si tu le crois indigne de tes coups,
Si ta haine m'envie un supplice si doux,
Ou si d'un sang trop vil ta main serait trempée,
Au défaut de ton bras, prête-moi ton épée.
Donne.

OENONE.

Que faites-vous, Madame! Justes dieux!
Mais on vient. Évitez des témoins odieux.
Venez, rentrez, fuyez une honte certaine.

SCÈNE VI.

HIPPOLYTE, THÉRAMÈNE.

THÉRAMÈNE.

Est-ce Phèdre qui fuit, ou plutôt qu'on entraîne?
Pourquoi, Seigneur, pourquoi ces marques de douleur?
Je vous vois sans épée, interdit, sans couleur.

HIPPOLYTE.

Théramène, fuyons. Ma surprise est extrême.
Je ne puis sans horreur me regarder moi-même.
Phèdre... Mais non, grands dieux, qu'en un profond oubli
Cet horrible secret demeure enseveli!

THÉRAMÈNE.

Si vous voulez partir, la voile est préparée,
Mais Athènes, Seigneur, s'est déjà déclarée.
Ses chefs ont pris les voix de toutes ses tribus,
Votre frère l'emporte, et Phèdre a le dessus.

HIPPOLYTE.

Phèdre?

PHÈDRE,

THÉRAMÈNE.

Un héraut chargé des volontés d'Athènes,
De l'état en ses mains vient remettre les rênes.
Son fils est roi, Seigneur.

HIPPOLYTE.

Dieux, qui la connaissez!
Est-ce donc sa vertu que vous récompensez?

THÉRAMÈNE.

Cependant un bruit sourd veut que le roi respire.
On prétend que Thésée a paru dans l'Épire;
Mais moi qui l'y cherchai, Seigneur, je sais trop bien...

HIPPOLYTE.

N'importe, écoutons tout, et ne négligeons rien.
Examinons ce bruit, remontons à sa source.
S'il ne mérite pas d'interrompre ma course,
Partons; et, quelque prix qu'il en puisse coûter,
Mettons le sceptre aux mains dignes de le porter.

FIN DU SECOND ACTE.

ACTE III.

SCÈNE PREMIÈRE.

PHÈDRE, OENONE.

PHÈDRE.

Ah, que l'on porte ailleurs les honneurs qu'on m'envoie !
Importune, peux-tu souhaiter qu'on me voie ?
De quoi viens-tu flatter mon esprit désolé ?
Cache-moi bien plutôt ; je n'ai que trop parlé.
Mes fureurs au dehors ont osé se répandre :
J'ai dit ce que jamais on ne devait entendre.
Ciel, comme il m'écoutait ! Par combien de détours
L'insensible a long-temps éludé mes discours !
Comme il ne respirait qu'une retraite prompte !
Et combien sa rougeur a redoublé ma honte !
Pourquoi détournais-tu mon funeste dessein ?
Hélas, quand son épée allait chercher mon sein,
A-t-il pâli pour moi ! Me l'a-t-il arrachée !
Il suffit que ma main l'ait une fois touchée ;
Je l'ai rendue horrible à ses yeux inhumains,
Et ce fer malheureux profanerait ses mains.

OENONE.

Ainsi dans vos malheurs, ne songeant qu'à vous plaindre,
Vous nourrissez un feu qu'il vous faudrait éteindre.

Ne vaudrait-il pas mieux, digne sang de Minos,
Dans de plus nobles soins chercher votre repos?
Contre un ingrat qui plaît recourir à la fuite?
Régner, et de l'état embrasser la conduite?

PHÈDRE.

Moi, régner! Moi, ranger un état sous ma loi,
Quand ma faible raison ne règne plus sur moi!
Lorsque j'ai de mes sens abandonné l'empire!
Quand sous un joug honteux à peine je respire!
Quand je me meurs!

OENONE.
Fuyez.

PHÈDRE.
Je ne le puis quitter.

OENONE.
Vous l'osâtes bannir, vous n'osez l'éviter?

PHÈDRE.
Il n'est plus temps. Il sait mes ardeurs insensées.
De l'austère pudeur les bornes sont passées.
J'ai déclaré ma honte aux yeux de mon vainqueur;
Et l'espoir malgré moi s'est glissé dans mon cœur.
Toi-même, rappelant ma force défaillante,
Et mon âme déjà sur mes lèvres errante,
Par tes conseils flatteurs tu m'as su ranimer,
Tu m'as fait entrevoir que je pouvais l'aimer.

OENONE.
Hélas! de vos malheurs innocente ou coupable,
De quoi pour vous sauver n'étais-je point capable?
Mais si jamais l'offense irrita vos esprits,
Pouvez-vous d'un superbe oublier les mépris?
Avec quels yeux cruels sa rigueur obstinée

Vous laissait à ses pieds, peu s'en faut, prosternée !
Que son farouche orgueil le rendait odieux !
Que Phèdre en ce moment n'avait-elle mes yeux !

PHÈDRE.

OEnone, il peut quitter cet orgueil qui te blesse :
Nourri dans les forêts, il en a la rudesse.
Hippolyte, endurci par de sauvages lois,
Entend parler d'amour pour le première fois.
Peut-être sa surprise a causé son silence ;
Et nos plaintes peut-être ont trop de violence.

OENONE.

Songez qu'une barbare en son sein l'a formé.

PHÈDRE.

Quoique Scythe et barbare, elle a pourtant aimé.

OENONE.

Il a pour tout le sexe une haine fatale.

PHÈDRE.

Je ne me verrai point préférer de rivale.
Enfin tous les conseils ne sont plus de saison :
Sers ma fureur, OEnone, et non point ma raison.
Il oppose à l'amour un cœur inaccessible ;
Cherchons, pour l'attaquer, quelque endroit plus sensible.
Les charmes d'un empire ont paru le toucher ;
Athènes l'attirait, il n'a pu s'en cacher ;
Déjà de ses vaisseaux la pointe était tournée,
Et la voile flottait aux vents abandonnée.
Va trouver de ma part ce jeune ambitieux,
OEnone. Fais briller la couronne à ses yeux.
Qu'il mette sur son front le sacré diadème :
Je ne veux que l'honneur de l'attacher moi-même.

Cédons-lui ce pouvoir que je ne puis garder.
Il instruira mon fils dans l'art de commander.
Peut-être il voudra bien lui tenir lieu de père;
Je mets sous son pouvoir et le fils et la mère.
Pour le fléchir enfin tente tous les moyens.
Tes discours trouveront plus d'accès que les miens.
Presse, pleure, gémis, peins-lui Phèdre mourante,
Ne rougis point de prendre une voix suppliante,
Je t'avoûrai de tout, je n'espère qu'en toi.
Va, j'attends ton retour pour disposer de moi.

SCÈNE II.

PHEDRE *seule*.

O toi, qui vois la honte où je suis descendue,
Implacable Vénus, suis-je assez confondue?
Tu ne saurais plus loin pousser ta cruauté.
Ton triomphe est parfait, tous tes traits ont porté.
Cruelle, si tu veux une gloire nouvelle,
Attaque un ennemi qui te soit plus rebelle.
Hippolyte te fuit, et bravant ton courroux,
Jamais à tes autels n'a fléchi le genoux.
Ton nom semble offenser ses superbes oreilles.
Déesse, venge-toi, nos causes sont pareilles.
Qu'il aime. Mais déjà tu reviens sur tes pas,
OEnone? On me déteste, on ne t'écoute pas.

SCÈNE III.

PHÈDRE, OENONE.

OENONE.

Il faut d'un vain amour étouffer la pensée,
Madame. Rappelez votre vertu passée.
Le roi, qu'on a cru mort, va paraître à vos yeux.
Thésée est arrivé, Thésée est en ces lieux.
Le peuple pour le voir court et se précipite.
Je sortais par votre ordre, et cherchais Hippolyte,
Lorsque, jusques au Ciel mille cris élancés...

PHÈDRE.

Mon époux est vivant, OEnone, c'est assez.
J'ai fait l'indigne aveu d'un amour qui l'outrage;
Il vit. Je ne veux pas en savoir davantage.

OENONE.

Quoi?

PHÈDRE.

Je te l'ai prédit, mais tu n'as pas voulu;
Sur mes justes remords tes pleurs ont prévalu.
Je mourais ce matin digne d'être pleurée;
J'ai suivi tes conseils, je meurs déshonorée.

OENONE.

Vous mourez!

PHÈDRE.

Juste Ciel! qu'ai-je fait aujourd'hui?
Mon époux va paraître, et son fils avec lui.
Je verrai le témoin de ma flamme adultère,

Observer de quel front j'ose aborder son père,
Le cœur gros de soupirs qu'il n'a point écoutés,
L'œil humide de pleurs par l'ingrat rebutés.
Penses-tu que, sensible à l'honneur de Thésée,
Il lui cache l'ardeur dont je suis embrasée ?
Laissera-t-il trahir et son père et son roi ?
Pourra-t-il contenir l'horreur qu'il a pour moi ?
Il se tairait en vain. Je sais mes perfidies,
OEnone, et ne suis point de ces femmes hardies
Qui, goûtant dans le crime une tranquille paix,
Ont su se faire un front qui ne rougit jamais.
Je connais mes fureurs, je les rappelle toutes.
Il me semble déjà que ces murs, que ces voûtes
Vont prendre la parole, et, prêts à m'accuser,
Attendent mon époux pour le désabuser.
Mourons. De tant d'horreurs qu'un trépas me délivre.
Est-ce un malheur si grand que de cesser de vivre ?
La mort aux malheureux ne cause point d'effroi.
Je ne crains que le nom que je laisse après moi.
Pour mes tristes enfans quel affreux héritage !
Le sang de Jupiter doit enfler leur courage.
Mais, quelque juste orgueil qu'inspire un sang si beau,
Le crime d'une mère est un pesant fardeau.
Je tremble qu'un discours, hélas trop véritable,
Un jour ne leur reproche une mère coupable !
Je tremble qu'opprimés de ce poids odieux,
L'un ni l'autre jamais n'ose lever les yeux.

OENONE.

Il n'en faut point douter, je les plains l'un et l'autre.
Jamais crainte ne fut plus juste que la vôtre.
Mais à de tels affronts pourquoi les exposer ?

Pourquoi contre vous-même allez-vous déposer?
C'en est fait. On dira que Phèdre trop coupable,
De son époux trahi fuit l'aspect redoutable.
Hippolyte est heureux qu'aux dépens de vos jours
Vous-même en expirant appuyiez ses discours;
A votre accusateur que pourrai-je répondre?
Je serai devant lui trop facile à confondre.
De son triomphe affreux je le verrai jouir,
Et conter votre honte à qui voudra l'ouïr.
Ah, que plutôt du Ciel la flamme me dévore!
Mais ne me trompez point, vous est-il cher encore?
De quel œil voyez-vous ce prince audacieux?

PHÈDRE.

Je le vois comme un monstre effroyable à mes yeux.

OENONE.

Pourquoi donc lui céder une victoire entière?
Vous le craignez. Osez l'accuser la première
Du crime dont il peut vous charger aujourd'hui.
Qui vous démentira? Tout parle contre lui.
Son épée en vos mains heureusement laissée,
Votre trouble présent, votre douleur passée,
Son père par vos cris dès long-temps prévenu,
Et déjà son exil par vous-même obtenu.

PHÈDRE.

Moi, que j'ose opprimer et noircir l'innocence!

OENONE.

Mon zèle n'a besoin que de votre silence.
Tremblante comme vous j'en sens quelques remords,
Vous me verriez plus prompte affronter mille morts.
Mais, puisque je vous perds sans ce triste remède,
Votre vie est pour moi d'un prix à qui tout cède.

48 PHÈDRE,

Je parlerai. Thésée, aigri par mes avis,
Bornera sa vengeance à l'exil de son fils.
Un père en punissant, Madame, est toujours père;
Un supplice léger suffit à sa colère.
Mais, le sang innocent dût-il être versé,
Que ne demande point votre honneur menacé ?
C'est un trésor trop cher pour oser le commettre.
Quelque loi qu'il vous dicte, il faut vous y soumettre,
Madame; et, pour sauver notre honneur combattu,
Il faut immoler tout, et même la vertu.
On vient; je vois Thésée.

PHÈDRE.

Ah! je vois Hippolyte;
Dans ses yeux insolens je vois ma perte écrite.
Fais ce que tu voudras, je m'abandonne à toi.
Dans le trouble où je suis, je ne puis rien pour moi.

SCÈNE IV.

THÉSÉE, HIPPOLYTE, PHÈDRE, OENONE, THÉRAMÈNE.

THÉSÉE.

La fortune à mes vœux cesse d'être opposée,
Madame, et dans vos bras met...

PHÈDRE.

Arrêtez, Thésée,
Et ne profanez point des transports si charmans.
Je ne mérite plus ces doux empressemens.
Vous êtes offensé. La fortune jalouse
N'a pas, en votre absence, épargné votre épouse.

Indigne de vous plaire et de vous approcher,
Je ne dois désormais songer qu'à me cacher.

SCÈNE V.

THÉSÉE, HIPPOLYTE, THÉRAMÈNE.

THÉSÉE.

Quel est l'étrange accueil qu'on fait à votre père,
Mon fils?

HIPPOLYTE.

Phèdre peut seule expliquer ce mystère.
Mais, si mes vœux ardens vous peuvent émouvoir,
Permettez-moi, Seigneur, de ne la plus revoir :
Souffrez que pour jamais le tremblant Hippolyte
Disparaisse des lieux que votre épouse habite.

THÉSÉE.

Vous, mon fils, me quitter?

HIPPOLYTE.

Je ne la cherchais pas;
C'est vous qui sur ces bords conduisîtes ses pas.
Vous daignâtes, Seigneur, aux rives de Trézène
Confier en partant Aricie et la reine;
Je fus même chargé du soin de les garder.
Mais quels soins désormais peuvent me retarder?
Assez dans les forêts mon oisive jeunesse
Sur de vils ennemis a montré son adresse.
Ne pourrai-je, en fuyant un indigne repos,
D'un sang plus glorieux teindre mes javelots?
Vous n'aviez pas encor atteint l'âge où je touche,
Déjà plus d'un tyran, plus d'un monstre farouche

Avait de votre bras senti la pesanteur.
Déjà, de l'insolence heureux persécuteur,
Vous aviez des deux mers assuré les rivages.
Le libre voyageur ne craignait plus d'outrages ;
Hercule, respirant sur le bruit de vos coups,
Déjà de son travail se reposait sur vous.
Et moi, fils inconnu d'un si glorieux père,
Je suis même encor loin des traces de ma mère.
Souffrez que mon courage ose enfin s'occuper ;
Souffrez, si quelque monstre a pu vous échapper,
Que j'apporte à vos pieds sa dépouille honorable ;
Ou que d'un beau trépas la mémoire durable,
Éternisant des jours si noblement finis,
Prouve à tout l'univers que j'étais votre fils.

THÉSÉE.

Que vois-je! Quelle horreur dans ces lieux répandue
Fait fuir devant mes yeux ma famille éperdue?
Si je reviens si craint et si peu désiré,
O Ciel! de ma prison pourquoi m'as-tu tiré?
Je n'avais qu'un ami. Son imprudente flamme
Du tyran de l'Épire allait ravir la femme.
Je servais à regret ses desseins amoureux ;
Mais le sort irrité nous aveuglait tous deux.
Le tyran m'a surpris sans défense et sans armes.
J'ai vu Pirithoüs, triste objet de mes larmes,
Livré par ce barbare à des monstres cruels,
Qu'il nourrissait du sang des malheureux mortels.
Moi-même, il m'enferma dans des cavernes sombres,
Lieux profonds et voisins de l'empire des ombres.
Les dieux, après six mois, enfin m'ont regardé.
J'ai su tromper les yeux par qui j'étais gardé.

D'un perfide ennemi j'ai purgé la nature.
A ses monstres lui-même a servi de pâture.
Et, lorsqu'avec transport je pense m'approcher
De tout ce que les dieux m'ont laissé de plus cher;
Que dis-je? quand mon âme, à soi-même rendue,
Vient se rassasier d'une si chère vue,
Je n'ai pour tout accueil que des frémissemens.
Tout fuit, tout se refuse à mes embrassemens.
Et moi-même, éprouvant la terreur que j'inspire,
Je voudrais être encor dans les prisons d'Épire.
Parlez. Phèdre se plaint que je suis outragé.
Qui m'a trahi? Pourquoi ne suis-je pas vengé?
La Grèce, à qui mon bras fut tant de fois utile,
A-t-elle au criminel accordé quelque asile?
Vous ne répondez point. Mon fils, mon propre fils
Est-il d'intelligence avec mes ennemis?
Entrons. C'est trop garder un doute qui m'accable.
Connaissons à la fois le crime et le coupable.
Que Phèdre explique enfin le trouble où je la voi.

SCÈNE VI.

HIPPOLYTE, THÉRAMÈNE.

HIPPOLYTE.

Où tendait ce discours qui m'a glacé d'effroi?
Phèdre, toujours en proie à sa fureur extrême,
Veut-elle s'accuser et se perdre elle-même?
Dieux! Que dira le roi? Quel funeste poison
L'amour a répandu sur toute sa maison!
Moi-même, plein d'un feu que sa haine réprouve,
Quel il m'a vu jadis, et quel il me retrouve?

De noirs pressentimens viennent m'épouvanter.
Mais l'innocence enfin n'a rien à redouter.
Allons, cherchons ailleurs par quelle heureuse adresse
Je pourrai de mon père émouvoir la tendresse,
Et lui dire un amour qu'il peut vouloir troubler,
Mais que tout son pouvoir ne saurait ébranler.

FIN DU TROISIÈME ACTE.

ACTE IV.

SCÈNE PREMIÈRE.

THÉSÉE, OENONE.

THÉSÉE.
Ah, qu'est-ce que j'entends? Un traître, un téméraire
Préparait cet outrage à l'honneur de son père?
Avec quelle rigueur, destin, tu me poursuis!
Je ne sais où je vais, je ne sais où je suis.
O tendresse! O bonté trop mal récompensée!
Projet audacieux! Détestable pensée!
Pour parvenir au but de ses noires amours,
L'insolent de la force empruntait le secours!
J'ai reconnu le fer instrument de sa rage,
Ce fer dont je l'armai pour un plus noble usage.
Tous les liens du sang n'ont pu le retenir!
Et Phèdre différait à le faire punir!
Le silence de Phèdre épargnait le coupable!

OENONE.
Phèdre épargnait plutôt un père déplorable.
Honteuse du dessein d'un amant furieux,
Et du feu criminel qu'il a pris dans ses yeux,
Phèdre mourait, Seigneur, et sa main meurtrière
Éteignait de ses yeux l'innocente lumière.

J'ai vu lever le bras, j'ai couru la sauver.
Moi seule à votre amour j'ai su la conserver.
Et, plaignant à la fois son trouble et vos alarmes,
J'ai servi malgré moi d'interprète à ses larmes.

THÉSÉE.

Le perfide! Il n'a pu s'empêcher de pâlir.
De crainte en m'abordant je l'ai vu tressaillir.
Je me suis étonné de son peu d'allégresse.
Ses froids embrassemens ont glacé ma tendresse.
Mais ce coupable amour dont il est dévoré,
Dans Athènes déjà s'était-il déclaré?

OENONE.

Seigneur, souvenez-vous des plaintes de la reine,
Un amour criminel causa toute sa haine.

THÉSÉE.

Et ce feu dans Trézène a donc recommencé?

OENONE.

Je vous ai dit, Seigneur, tout ce qui s'est passé.
C'est trop laisser la reine à sa douleur mortelle.
Souffrez que je vous quitte, et me range auprès d'elle.

SCÈNE II.

THÉSÉE, HIPPOLYTE.

THÉSÉE.

Ah, le voici! Grands dieux, à ce noble maintien,
Quel œil ne serait pas trompé comme le mien?
Faut-il que sur le front d'un profane adultère
Brille de la vertu le sacré caractère?
Et ne devrait-on pas, à des signes certains,

Reconnaître le cœur des perfides humains?

HIPPOLYTE.

Puis-je vous demander quel funeste nuage,
Seigneur, a pu troubler votre auguste visage?
N'osez-vous confier ce secret à ma foi?

THÉSÉE.

Perfide, ose-tu bien te montrer devant moi?
Monstre, qu'a trop long-temps épargné le tonnerre,
Reste impur des brigands dont j'ai purgé la terre.
Après que le transport d'un amour plein d'horreur
Jusqu'au lit de ton père a porté ta fureur,
Tu m'oses présenter une tête ennemie!
Tu parais dans des lieux pleins de ton infamie;
Et ne va pas chercher sous un ciel inconnu
Des pays où mon nom ne soit point parvenu!
Fuis, traître. Ne viens point braver ici ma haine,
Et tenter un courroux que je retiens à peine.
C'est bien assez pour moi de l'opprobre éternel
D'avoir pu mettre au jour un fils si criminel,
Sans que ta mort encore, honteuse à ma mémoire,
De mes nobles travaux vienne souiller la gloire.
Fuis. Et, si tu ne veux qu'un châtiment soudain
T'ajoute aux scélérats qu'a punis cette main,
Prends garde que jamais l'astre qui nous éclaire
Ne te voie en ces lieux mettre un pied téméraire.
Fuis, dis-je; et, sans retour précipitant tes pas,
De ton horrible aspect purge tous mes états.
Et toi, Neptune, et toi! si jadis mon courage
D'infâmes assassins nettoya ton rivage,
Souviens-toi que pour prix de mes efforts heureux
Tu promis d'exaucer le premier de mes vœux.

Dans les longues rigueurs d'une prison cruelle
Je n'ai point imploré ta puissance immortelle.
Avare du secours que j'attends de tes soins,
Mes vœux t'ont réservé pour de plus grands besoins.
Je t'implore aujourd'hui. Venge un malheureux père :
J'abandonne ce traître à toute ta colère.
Étouffe dans son sang ses désirs effrontés.
Thésée à tes fureurs connaîtra tes bontés.

HIPPOLYTE.

D'un amour criminel Phèdre accuse Hippolyte !
Un tel excès d'horreur rend mon âme interdite.
Tant de coups imprévus m'accablent à la fois,
Qu'ils m'ôtent la parole, et m'étouffent la voix.

THÉSÉE.

Traître, tu prétendais qu'en un lâche silence
Phèdre ensevelirait ta brutale insolence.
Il fallait en fuyant ne pas abandonner
Le fer qui dans ses mains aide à te condamner.
Ou plutôt il fallait, comblant ta perfidie,
Lui ravir tout d'un coup la parole et la vie.

HIPPOLYTE.

D'un mensonge aussi noir justement irrité,
Je devrais faire ici parler la vérité,
Seigneur. Mais je supprime un secret qui vous touche.
Approuvez le respect qui me ferme la bouche ;
Et, sans vouloir vous-même augmenter vos ennuis,
Examinez ma vie, et songez qui je suis.
Quelques crimes toujours précèdent les grands crimes.
Quiconque a pu franchir les bornes légitimes,
Peut violer enfin les droits les plus sacrés.
Ainsi que la vertu le crime a ses degrés ;

Et jamais on a vu la timide innocence
Passer subitement à l'extrême licence.
Un jour seul ne fait point d'un mortel vertueux
Un perfide assassin, un lâche incestueux.
Élevé dans le sein d'une chaste héroïne,
Je n'ai point de son sang démenti l'origine.
Pitthée, estimé sage entre tous les humains,
Daigna m'instruire encore au sortir de ses mains.
Je ne veux point me peindre avec trop d'avantage.
Mais, si quelque vertu m'est tombée en partage,
Seigneur, je crois surtout avoir fait éclater
La haine des forfaits qu'on ose m'imputer.
C'est par-là qu'Hippolyte est connu dans la Grèce.
J'ai poussé la vertu jusques à la rudesse.
On sait de mes chagrins l'inflexible rigueur.
Le jour n'est pas plus pur que le fond de mon cœur,
Et l'on veut qu'Hippolyte, épris d'un feu profane...

THÉSÉE.

Oui, c'est ce même orgueil, lâche, qui te condamne.
Je vois de tes froideurs le principe odieux.
Phèdre seule charmait tes impudiques yeux ;
Et pour tout autre objet ton âme indifférente
Dédaignait de brûler d'une flamme innocente.

HIPPOLYTE.

Non, mon père, ce cœur, c'est trop vous le celer,
N'a point d'un chaste amour dédaigné de brûler.
Je confesse à vos pieds ma véritable offense.
J'aime, j'aime, il est vrai, malgré votre défense.
Aricie à ses lois tient mes vœux asservis.
La fille de Pallante a vaincu votre fils.

Je l'adore; et mon âme, à vos ordres rebelle,
Ne peut ni soupirer, ni brûler que pour elle.

THÉSÉE.

Tu l'aimes? Ciel! Mais non, l'artifice est grossier.
Tu te feins criminel pour te justifier.

HIPPOLYTE.

Seigneur, depuis six mois je l'évite, et je l'aime.
Je venais, en tremblant, vous le dire à vous-même
Hé quoi, de votre erreur rien ne peut vous tirer?
Par quel affreux serment faut-il vous rassurer?
Que la terre, le Ciel, et toute la nature...

THÉSÉE.

Toujours les scélérats ont recours au parjure.
Cesse, cesse, et m'épargne un importun discours,
Si ta fausse vertu n'a point d'autre secours.

HIPPOLYTE.

Elle vous paraît fausse, et pleine d'artifice.
Phèdre au fond de son cœur me rend plus de justice.

THÉSÉE.

Ah, que ton impudence excite mon courroux!

HIPPOLYTE.

Quel temps à mon exil, quel lieu prescrivez-vous?

THÉSÉE.

Fusses-tu par delà les colonnes d'Alcide,
Je me croirais encor trop voisin d'un perfide.

HIPPOLYTE.

Chargé du crime affreux dont vous me soupçonnez,
Quels amis me plaindront quand vous m'abandonnez?

THÉSÉE.

Va chercher des amis dont l'estime funeste

Honore l'adultère, applaudisse à l'inceste;
Des traîtres, des ingrats, sans honneur et sans loi
Dignes de protéger un méchant tel que toi.

HIPPOLYTE.

Vous me parlez toujours d'inceste et d'adultère,
Je me tais. Cependant Phèdre sort d'une mère,
Phèdre est d'un sang, Seigneur, vous le savez trop bien,
De toutes ces horreurs plus rempli que le mien.

THÉSÉE.

Quoi ta rage à mes yeux perd toute retenue?
Pour la dernière fois ôte-toi de ma vue.
Sors, traître. N'attends pas qu'un père furieux
Te fasse avec opprobre arracher de ces lieux.

SCÈNE III.

THÉSÉE seul.

Misérable, tu cours à ta perte infaillible.
Neptune, par le fleuve aux dieux mêmes terribles,
M'a donné sa parole, et va l'exécuter.
Un dieu vengeur te suit, tu ne peux l'éviter.
Je t'aimais; et je sens que, malgré ton offense,
Mes entrailles pour toi se troublent par avance.
Mais à te condamner tu m'as trop engagé.
Jamais père en effet fut-il plus outragé.
Justes dieux, qui voyez la douleur qui m'accable,
Ai-je pu mettre au jour un enfant si coupable?

SCÈNE IV.

PHÈDRE, THÉSÉE.

PHÈDRE.

Seigneur, je viens à vous pleine d'un juste effroi;
Votre voix redoutable a passé jusqu'à moi.
Je crains qu'un prompt effet n'ait suivi la menace,
S'il en est temps encore, épargnez votre race,
Respectez votre sang, j'ose vous en prier,
Sauvez-moi de l'horreur de l'entendre crier.
Ne me préparez point la douleur éternelle
De l'avoir fait répandre à la main paternelle.

THÉSÉE.

Non, Madame, en mon sang ma main n'a point trempé;
Mais l'ingrat toutefois ne m'est point échappé.
Une immortelle main de sa perte est chargée,
Neptune me la doit, et vous serez vengée.

PHÈDRE.

Neptune vous la doit! Quoi, vos vœux irrités....

THÉSÉE.

Quoi, craignez-vous déjà qu'ils ne soient écoutés?
Joignez-vous bien plutôt à mes vœux légitimes.
Dans toute leur noirceur retracez-moi ses crimes.
Échauffez mes transports trop lents, trop retenus.
Tous ses crimes encor ne vous sont pas connus.
Sa fureur contre vous se répand en injures.
Votre bouche, dit-il, est pleine d'impostures.
Il soutient qu'Aricie a son cœur, a sa foi,
Qu'il l'aime.

PHÈDRE.

Quoi! Seigneur?

THÉSÉE.

Il l'a dit devant moi.
Mais je sais rejeter un frivole artifice.
Espérons de Neptune une prompte justice.
Je vais moi-même encore, au pied de ses autels,
Le presser d'accomplir ses sermens immortels.

SCÈNE V.

PHÈDRE *seule*.

Il sort. Quelle nouvelle a frappé mon oreille?
Quel feu mal étouffé dans mon cœur se réveille?
Quel coup de foudre ô Ciel! et quel funeste avis!
Je volais tout entière au secours de son fils;
Et, m'arrachant des bras d'OEnone épouvantée,
Je cédais au remords dont j'étais tourmentée.
Qui sait même où m'allait porter ce repentir?
Peut-être à m'accuser j'aurais pu consentir.
Peut-être, si la voix ne m'eût été coupée,
L'affreuse vérité me serait échappée.
Hippolyte est sensible, et ne sent rien pour moi!
Aricie a son cœur! Aricie a sa foi!
Ah, dieux! Lorsqu'à mes vœux l'ingrat inexorable
S'armait d'un œil si fier, d'un front si redoutable,
Je pensais qu'à l'amour son cœur toujours fermé
Fût contre tout mon sexe également armé.
Une autre cependant a fléchi son audace,
Devant ses yeux cruels une autre a trouvé grâce.

Peut-être a-t-il un cœur facile à s'attendrir.
Je suis le seul objet qu'il ne saurait souffrir.
Et je me chargerais du soin de le défendre !

SCÈNE VI.

PHÈDRE, OENONE.

PHÈDRE.

Chère OEnone, sais-tu ce que je viens d'apprendre ?

OENONE.

Non. Mais je viens tremblante, à ne vous point mentir.
J'ai pâli du dessein qui vous a fait sortir.
J'ai craint une fureur à vous-même fatale.

PHÈDRE.

OEnone, qui l'eût cru ? J'avais une rivale.

OENONE.

Comment ?

PHÈDRE.

Hippolyte aime, et je n'en puis douter.
Ce farouche ennemi qu'on ne pouvait dompter,
Qu'offensait le respect, qu'importunait la plainte,
Ce tigre, que jamais je n'abordai sans crainte,
Soumis, apprivoisé, reconnaît un vainqueur.
Aricie a trouvé le chemin de son cœur.

OENONE.

Aricie ?

PHÈDRE.

Ah, douleur non encore éprouvée !
A quel nouveau tourment je me suis réservée !
Tout ce que j'ai souffert, mes craintes, mes transports,

La fureur de mes feux, l'horreur de mes remords,
Et d'un refus cruel l'insupportable injure,
N'était qu'un faible essai du tourment que j'endure.
Ils s'aiment! Par quel charme ont-ils trompé mes yeux?
Comment se sont-ils vus? depuis quand? dans quels lieux?
Tu le savais. Pourquoi me laissais-tu séduire?
De leur furtive ardeur ne pouvais-tu m'instruire?
Les a-t-on vus souvent se parler, se chercher?
Dans le fond des forêts allaient-ils se cacher?
Hélas, ils se voyaient avec pleine licence!
Le Ciel de leurs soupirs approuvait l'innocence.
Ils suivaient, sans remords, leur penchant amoureux.
Tous les jours se levaient clairs et sereins pour eux.
Et moi, triste rebut de la nature entière,
Je me cachais au jour, je fuyais la lumière;
La mort est le seul dieu que j'osais implorer.
J'attendais le moment où j'allais expirer,
Me nourrissant de fiel, de larmes abreuvée.
Encor dans mon malheur de trop près observée,
Je n'osais dans mes pleurs me noyer à loisir.
Je goûtais en tremblant ce funeste plaisir;
Et, sous un front serein déguisant mes alarmes,
Il fallait bien souvent me priver de mes larmes.

OENONE.

Quel fruit recevront-ils de leurs vaines amours?
Ils ne se verront plus.

PHÈDRE.

Ils s'aimeront toujours.
Au moment que je parle, ah, mortelle pensée!
Ils bravent la fureur d'une amante insensée.
Malgré ce même exil, qui va les écarter,

Ils font mille sermens de ne se point quitter.
Non, je ne puis souffrir un bonheur qui m'outrage,
OEnone. Prends pitié de ma jalouse rage.
Il faut perdre Aricie. Il faut de mon époux,
Contre un sang odieux réveiller le courroux.
Qu'il ne se borne pas à des peines légères,
Le crime de la sœur passe celui des frères.
Dans mes jaloux transports je le veux implorer.
Que fais-je? Où ma raison se va-t-elle égarer?
Moi jalouse? Et Thésée est celui que j'implore!
Mon époux est vivant, et moi je brûle encore!
Pour qui? Quel est le cœur où prétendent mes vœux?
Chaque mot sur mon front fait dresser mes cheveux.
Mes crimes désormais ont comblé la mesure :
Je respire à la fois l'inceste et l'imposture.
Mes homicides mains, promptes à me venger,
Dans le sang innocent brûlent de se plonger.
Misérable! Et je vis? Et je soutiens la vue
De ce sacré soleil dont je suis descendue?
J'ai pour aïeul le père et le maître des dieux.
Le Ciel, tout l'univers est plein de mes aïeux.
Où me cacher? Fuyons dans la nuit infernale.
Mais que dis-je? Mon père y tient l'urne fatale.
Le sort, dit-on, l'a mise en ses sévères mains.
Minos juge aux enfers tous les pâles humains.
Ah, combien frémira son ombre épouvantée,
Lorsqu'il verra sa fille, à ses yeux présentée,
Contrainte d'avouer tant de forfaits divers,
Et des crimes peut-être inconnus aux enfers!
Que diras-tu, mon père, à ce spectacle horrible?
Je crois voir de ta main tomber l'urne terrible;

Je crois te voir, cherchant un supplice nouveau,
Toi-même de ton sang devenir le bourreau.
Pardonne. Un dieu cruel a perdu ta famille.
Reconnais sa vengeance aux fureurs de ta fille.
Hélas, du crime affreux dont la honte me suit,
Jamais mon triste cœur n'a recueilli le fruit!
Jusqu'au dernier soupir de malheurs poursuivie,
Je rends dans les tourmens une pénible vie.

OENONE.

Hé, repoussez, Madame, une injuste terreur.
Regardez d'un autre œil une excusable erreur.
Vous aimez. On ne peut vaincre sa destinée.
Par un charme fatal vous fûtes entraînée.
Est-ce donc un prodige inouï parmi nous?
L'amour n'a-t-il encor triomphé que de vous?
La faiblesse aux humains n'est que trop naturelle.
Mortelle, subissez le sort d'une mortelle.
Vous vous plaignez d'un joug imposé dès long-temps.
Les dieux mêmes, les dieux de l'Olympe habitans,
Qui d'un bruit si terrible épouvantent les crimes,
Ont brûlé quelquefois de feux illégitimes.

PHÈDRE.

Qu'entends-je, quels conseils ose-t-on me donner?
Ainsi donc jusqu'au bout tu veux m'empoisonner,
Malheureuse! voilà comme tu m'as perdue.
Au jour que je fuyais c'est toi qui m'as rendue.
Tes prières m'ont fait oublier mon devoir.
J'évitais Hippolyte, et tu me l'as fait voir.
De quoi te chargeais-tu? Pourquoi ta bouche impie
A-t-elle en l'accusant osé noircir sa vie?
Il en mourra peut-être, et d'un père insensé

Le sacrilége vœu peut-être est exaucé.
Je ne t'écoute plus. Va-t-en, monstre exécrable.
Va, laisse-moi le soin de mon sort déplorable.
Puisse le juste Ciel dignement te payer ;
Et puisse ton supplice à jamais effrayer
Tous ceux qui, comme toi, par de lâches adresses,
Des princes malheureux nourrissent les faiblesses,
Les poussent au penchant où leur cœur est enclin,
Et leur osent du crime aplanir le chemin :
Détestables flatteurs, présent le plus funeste
Que puisse faire aux rois la colère céleste.

OENONE *seule.*

Ah, dieux ! Pour la servir, j'ai tout fait, tout quitté ;
Et j'en reçois ce prix ! Je l'ai bien mérité.

FIN DU QUATRIÈME ACTE.

ACTE V.

SCÈNE PREMIÈRE.

HIPPOLYTE, ARICIE, ISMÈNE.

ARICIE.

Quoi, vous pouvez vous taire en ce péril extrême ?
Vous laissez dans l'erreur un père qui vous aime ?
Cruel, si de mes pleurs méprisant le pouvoir,
Vous consentez sans peine à ne me plus revoir,
Partez, séparez-vous de la triste Aricie.
Mais du moins en partant assurez votre vie.
Défendez votre honneur d'un reproche honteux,
Et forcez votre père à révoquer ses vœux.
Il en est temps encor. Pourquoi ! Par quel caprice
Laissez-vous le champ libre à votre accusatrice ?
Éclaircissez Thésée.

HIPPOLYTE.

Hé, que n'ai-je point dit ?
Ai-je dû mettre au jour l'opprobre de son lit ;
Devais-je, en lui faisant un récit trop sincère,
D'une indigne rougeur couvrir le front d'un père !
Vous seule avez percé ce mystère odieux.
Mon cœur, pour s'épancher, n'a que vous et les dieux.

Je n'ai pu vous cacher, jugez si je vous aime,
Tout ce que je voulais me cacher à moi-même.
Mais songez sous quel sceau je vous l'ai révélé.
Oubliez, s'il se peut, que je vous ai parlé,
Madame; et que jamais une bouche si pure
Ne s'ouvre pour conter cette horrible aventure.
Sur l'équité des dieux osons nous confier :
Ils ont trop d'intérêt à me justifier ;
Et Phèdre, tôt ou tard de son crime punie,
N'en saurait éviter la juste ignominie.
C'est l'unique respect que j'exige de vous.
Je permets tout le reste à mon libre courroux.
Sortez de l'esclavage où vous êtes réduite ;
Osez me suivre. Osez accompagner ma fuite.
Arrachez-vous d'un lieu funeste et profané,
Où la vertu respire un air empoisonné.
Profitez, pour cacher votre prompte retraite,
De la confusion que ma disgrâce y jette.
Je vous puis de la fuite assurer les moyens,
Vous n'avez jusqu'ici de gardes que les miens.
De puissans défenseurs prendront notre querelle.
Argos nous tend les bras, et Sparte nous appelle.
A nos amis communs portons nos justes cris.
Ne souffrons pas que Phèdre, assemblant nos débris,
Du trône paternel nous chasse l'un et l'autre,
Et promette à son fils ma dépouille et la vôtre.
L'occasion est belle, il la faut embrasser.
Quelle peur vous retient? Vous semblez balancer?
Votre seul intérêt m'inspire cette audace.
Quand je suis tout de feu, d'où vous vient cette glace?
Sur les pas d'un banni craignez-vous de marcher?

ARICIE.

Hélas, qu'un tel exil, Seigneur, me serait cher !
Dans quels ravissemens, à votre sort liée,
Du reste des mortels je vivrais oubliée !
Mais n'étant point unis par un lien si doux,
Me puis-je avec honneur dérober avec vous ?
Je sais que, sans blesser l'honneur le plus sévère,
Je me puis affranchir des mains de votre père.
Ce n'est point m'arracher du sein de mes parens ;
Et la fuite est permise à qui fuit ses tyrans.
Mais vous m'aimez, Seigneur. Et ma gloire alarmée...

HIPPOLYTE.

Non, non, j'ai trop de soin de votre renommée.
Un plus noble dessein m'amène devant vous.
Fuyez vos ennemis, et suivez votre époux.
Libres dans nos malheurs, puisque le Ciel l'ordonne,
Le don de notre foi ne dépend de personne.
L'hymen n'est point toujours entouré de flambeaux.
Aux portes de Trézène, et parmi ces tombeaux
Des princes de ma race antiques sépultures,
Est un temple sacré formidable aux parjures.
C'est là que les mortels n'osent jurer en vain.
Le perfide y reçoit un châtiment soudain ;
Et, craignant d'y trouver la mort inévitable,
Le mensonge n'a point de frein plus redoutable.
Là, si vous m'en croyez, d'un amour éternel
Nous irons confirmer le serment solennel.
Nous prendrons à témoin le dieu qu'on y révère.
Nous le prirons tous deux de nous servir de père.
Des dieux les plus sacrés j'attesterai le nom,
Et la chaste Diane, et l'auguste Junon ;

PHÈDRE,

Et tous les dieux enfin, témoins de mes tendresses,
Garantiront la foi de mes saintes promesses.

ARICIE.

Le roi vient. Fuyez, Prince, et partez promptement ;
Pour cacher mon départ je demeure un moment.
Allez ; et laissez-moi quelque fidèle guide,
Qui conduise vers vous ma démarche timide.

SCÈNE II.

THÉSÉE, ARICIE, ISMÈNE.

THÉSÉE.

Dieux, éclairez mon trouble, et daignez à mes yeux
Montrer la vérité que je cherche en ces lieux.

ARICIE.

Songe à tout, chère Ismène, et sois prête à la fuite.

SCÈNE III.

THÉSÉE, ARICIE.

THÉSÉE.

Vous changez de couleur, et semblez interdite,
Madame. Que faisait Hippolyte en ce lieu ?

ARICIE.

Seigneur, il me disait un éternel adieu.

THÉSÉE.

Vos yeux ont su dompter ce rebelle courage ;
Et ses premiers soupirs sont votre heureux ouvrage.

ARICIE.

Seigneur, je ne vous puis nier la vérité.

De votre injuste haine il n'a pas hérité.
Il ne me traitait point comme une criminelle.

THÉSÉE.

J'entends. Il vous jurait une amour éternelle.
Ne vous assurez point sur ce cœur inconstant;
Car à d'autre que vous il en jurait autant.

ARICIE.

Lui, Seigneur?

THÉSÉE.

Vous deviez le rendre moins volage.
Comment souffriez-vous cet horrible partage?

ARICIE.

Et comment souffrez-vous que d'horribles discours,
D'une si belle vie osent noircir le cours?
Avez-vous de son cœur si peu de connaissance?
Discernez-vous si mal le crime et l'innocence?
Faut-il qu'à vos yeux seuls un nuage odieux
Dérobe sa vertu, qui brille à tous les yeux?
Ah, c'est trop le livrer à des langues perfides!
Cessez. Repentez-vous de vos vœux homicides.
Craignez, Seigneur, craignez que le Ciel rigoureux
Ne vous haïsse assez pour exaucer vos vœux.
Souvent dans sa colère il reçoit nos victimes.
Ses présens sont souvent la peine de nos crimes.

THÉSÉE.

Non, vous voulez en vain couvrir son attentat.
Votre amour vous aveugle en faveur de l'ingrat.
Mais j'en crois des témoins certains, irréprochables
J'ai vu, j'ai vu couler des larmes véritables.

ARICIE.

Prenez garde, Seigneur. Vos invincibles mains

Ont de monstres sans nombre affranchi les humains;
Mais tout n'est pas détruit, et vous en laissez vivre
Un.... Votre fils, Seigneur, me défend de poursuivre.
Instruite du respect qu'il veut vous conserver,
Je l'affligerais trop si j'osais achever.
J'imite sa pudeur, et fuis votre présence,
Pour n'être pas forcée à rompre le silence.

SCÈNE IV.

THÉSÉE *seul*.

Quelle est donc sa pensée ? Et que cache un discours
Commencé tant de fois, interrompu toujours ?
Veulent-ils m'éblouir par une feinte vaine ?
Sont-ils d'accord tous deux pour me mettre à la gêne ?
Mais moi-même, malgré ma sévère rigueur,
Quelle plaintive voix crie au fond de mon cœur ?
Une pitié secrète et m'afflige et m'étonne.
Une seconde fois interrogeons OEnone.
Je veux de tout le crime être mieux éclairci.
Gardes. Qu'OEnone sorte et vienne seule ici.

SCÈNE V.

THÉSÉE, PANOPE.

PANOPE.

J'ignore le projet que la reine médite,
Seigneur. Mais je crains tout du transport qui l'agite.
Un mortel désespoir sur son visage est peint.

La pâleur de la mort est déjà sur son teint.
Déjà, de sa présence avec honte chassée,
Dans la profonde mer OEnone s'est lancée.
On ne sait point d'où part ce dessein furieux;
Et les flots pour jamais l'ont ravie à nos yeux.

THÉSÉE.

Qu'entends-je?

PANOPE.

Son trépas n'a pas calmé la reine:
Le trouble semble croître en son âme incertaine.
Quelquefois, pour flatter ses secrètes douleurs,
Elle prend ses enfans, et les baigne de pleurs;
Et soudain, renonçant à l'amour maternelle,
Sa main avec horreur les repousse loin d'elle.
Elle porte au hasard ses pas irrésolus.
Son œil tout égaré ne nous reconnaît plus.
Elle a trois fois écrit; et, changeant de pensée,
Trois fois elle a rompu sa lettre commencée.
Daignez la voir, Seigneur, daignez la secourir.

THÉSÉE.

O Ciel! OEnone est morte; et Phèdre veut mourir?
Qu'on rappelle mon fils, qu'il vienne se défendre;
Qu'il vienne me parler, je suis prêt de l'entendre.

(*Seul.*)

Ne précipite point tes funestes bienfaits,
Neptune. J'aime mieux n'être exaucé jamais.
J'ai peut-être trop cru des témoins peu fidèles,
Et j'ai trop tôt vers toi levé mes mains cruelles.
Ah, de quel désespoir mes vœux seraient suivis!

SCÈNE VI.

THÉSÉE, THÉRAMÈNE.

THÉSÉE.

Théramène, est-ce toi ! Qu'as-tu fait de mon fils ?
Je te l'ai confié dès l'âge le plus tendre.
Mais d'où naissent les pleurs que je te vois répandre ?
Que fait mon fils ?

THÉRAMÈNE.

O soins tardifs et superflus !
Inutile tendresse ! Hippolyte n'est plus.

THÉSÉE.

Dieux !

THÉRAMÈNE.

J'ai vu des mortels périr le plus aimable,
Et j'ose dire encor, Seigneur, le moins coupable.

THÉSÉE.

Mon fils n'est plus ! Hé quoi ! quand je lui tends les bras
Les dieux impatiens ont hâté son trépas ?
Quel coup me l'a ravi ? Quelle foudre soudaine ?....

THÉRAMÈNE.

A peine nous sortions des portes de Trézène ;
Il était sur son char. Ses gardes affligés
Imitaient son silence, autour de lui rangés.
Il suivait tout pensif le chemin de Mycènes.
Sa main sur les chevaux laissait flotter les rênes.
Ses superbes coursiers, qu'on voyait autrefois
Pleins d'une ardeur si noble obéir à sa voix,
L'œil morne maintenant et la tête baissée,

Semblaient se conformer à sa triste pensée.
Un effroyable cri, sorti du fond des flots,
Des airs en ce moment a troublé le repos;
Et du sein de la terre une voix formidable
Répond en gémissant à ce cri redoutable.
Jusqu'au fond de nos cœurs notre sang s'est glacé.
Des coursiers attentifs le crin s'est hérissé.
Cependant, sur le dos de la plaine liquide,
S'élève à gros bouillons une montagne humide.
L'onde approche, se brise, et vomit à nos yeux,
Parmi des flots d'écume, un monstre furieux.
Son front large est armé de cornes menaçantes;
Tout son corps est couvert d'écailles jaunissantes.
Indomptable taureau, dragon impétueux,
Sa croupe se recourbe en replis tortueux;
Ses longs mugissemens font trembler le rivage.
Le Ciel avec horreur voit ce monstre sauvage.
La terre s'en émeut, l'air en est infecté,
Le flot qui l'apporta recule épouvanté.
Tout fuit; et, sans s'armer d'un courage inutile,
Dans le temple voisin chacun cherche un asile.
Hippolyte lui seul, digne fils d'un héros,
Arrête les coursiers, saisit ses javelots,
Pousse au monstre, et, d'un dard lancé d'une main sûre,
Il lui fait dans le flanc une large blessure.
De rage et de douleur le monstre bondissant
Vient aux pieds des chevaux tomber en mugissant,
Se roule, et leur présente une gueule enflammée,
Qui les couvre de feu, de sang et de fumée.
La frayeur les emporte; et, sourds à cette fois,
Ils ne connaissent plus ni le frein, ni la voix.

En efforts impuissans leur maître se consume.
Ils rougissent le mords d'une sanglante écume.
On dit qu'on a vu même, en ce désordre affreux,
Un dieu qui d'aiguillons pressait leur flanc poudreux.
A travers les rochers la peur les précipite.
L'essieu crie et se rompt. L'intrépide Hippolyte
Voit voler en éclats tout son char fracassé.
Dans les rênes lui-même il tombe embarrassé.
Excusez ma douleur. Cette image cruelle
Sera pour moi de pleurs une source éternelle.
J'ai vu, Seigneur, j'ai vu votre malheureux fils
Traîné par les chevaux que sa main a nourris.
Il veut les rappeler, et sa voix les effraie.
Ils courent. Tout son corps n'est bientôt qu'une plaie.
De nos cris douloureux la plaine retentit.
Leur fougue impétueuse enfin se ralentit.
Ils s'arrêtent, non loin de ces tombeaux antiques,
Où des rois ses aïeux sont les froides reliques.
Je cours en soupirant, et sa garde me suit.
De son généreux sang la trace nous conduit.
Les rochers en sont teints. Les ronces dégouttantes
Portent de ses cheveux les dépouilles sanglantes.
J'arrive, je l'appelle; et me tendant la main,
Il ouvre un œil mourant, qu'il referme soudain :
« Le Ciel, dit-il, m'arrache une innocente vie.
« Prends soin après ma mort de la triste Aricie.
« Cher ami, si mon père un jour désabusé
« Plaint le malheur d'un fils faussement accusé,
« Pour apaiser mon sang et mon ombre plaintive,
« Dis-lui qu'avec douceur il traite sa captive,
« Qu'il lui rende... » A ce mot, ce héros expiré

N'a laissé dans mes bras qu'un corps défiguré;
Triste objet où des dieux triomphe la colère,
Et que méconnaîtrait l'œil même de son père.

THÉSÉE.

O mon fils! Cher espoir que je me suis ravi!
Inexorables dieux qui m'avez trop servi!
A quels mortels regrets ma vie est réservée!

THÉRAMÈNE.

La timide Aricie est alors arrivée.
Elle venait, Seigneur, fuyant votre courroux,
A la face des dieux l'accepter pour époux.
Elle approche. Elle voit l'herbe rouge et fumante.
Elle voit (quel objet pour les yeux d'une amante!)
Hippolyte étendu, sans forme et sans couleur.
Elle veut quelque temps douter de son malheur;
Et ne connaissant plus ce héros qu'elle adore,
Elle voit Hippolyte, et le demande encore.
Mais trop sûre à la fin qu'il est devant ses yeux,
Par un triste regard elle accuse les dieux;
Et froide, gémissante, et presque inanimée,
Aux pieds de son amant elle tombe pâmée.
Ismène est auprès d'elle. Ismène tout en pleurs
La rappelle à la vie, ou plutôt aux douleurs.
Et moi, je suis venu, détestant la lumière,
Vous dire d'un héros la volonté dernière;
Et m'acquitter, Seigneur, du malheureux emploi,
Dont son cœur expirant s'est reposé sur moi.
Mais j'aperçois venir sa mortelle ennemie.

SCÈNE DERNIÈRE.

THÉSÉE, PHÈDRE, THÉRAMÈNE, PANOPE,
GARDES.

THÉSÉE.

Hé bien, vous triomphez, et mon fils est sans vie.
Ah, que j'ai lieu de craindre! et qu'un cruel soupçon
L'excusant dans mon cœur, m'alarme avec raison!
Mais, Madame, il est mort, prenez votre victime.
Jouissez de sa perte, injuste ou légitime.
Je consens que mes yeux soient toujours abusés.
Je le crois criminel, puisque vous l'accusez.
Son trépas à mes pleurs offre assez de matières,
Sans que j'aille chercher d'odieuses lumières,
Qui, ne pouvant le rendre à ma juste douleur,
Peut-être ne feraient qu'accroître mon malheur.
Laissez-moi, loin de vous, et loin de ce rivage,
De mon fils déchiré fuir la sanglante image.
Confus, persécuté d'un mortel souvenir,
De l'univers entier je voudrais me bannir.
Tout semble s'élever contre mon injustice.
L'éclat de mon nom même augmente mon supplice.
Moins connu des mortels, je me cacherais mieux.
Je hais jusques aux soins dont m'honorent les dieux;
Et je m'en vais pleurer leurs faveurs meurtrières,
Sans plus les fatiguer d'inutiles prières.
Quoi qu'ils fissent pour moi, leur funeste bonté
Ne me saurait payer de ce qu'ils m'ont ôté.

TRAGÉDIE.

PHÈDRE.

Non, Thésée, il faut rompre un injuste silence.
Il faut à votre fils rendre son innocence.
Il n'était point coupable.

THÉSÉE.

Ah, père infortuné!
Et c'est sur votre foi que je l'ai condamné!
Cruelle, pensez-vous être assez excusée!...

PHÈDRE.

Les momens me sont chers, écoutez-moi, Thésée.
C'est moi qui, sur ce fils chaste et respectueux,
Osai jeter un œil profane, incestueux.
Le Ciel mit dans mon sein une flamme funeste.
La détestable Œnone a conduit tout le reste.
Elle a craint qu'Hippolyte, instruit de ma fureur,
Ne découvrît un feu qui lui faisait horreur.
La perfide, abusant de ma faiblesse extrême,
S'est hâtée à vos yeux de l'accuser lui-même.
Elle s'en est punie; et, fuyant mon courroux,
A cherché dans les flots un supplice trop doux.
Le fer aurait déjà tranché ma destinée,
Mais je laissais gémir la vertu soupçonnée.
J'ai voulu, devant vous exposant mes remords,
Par un chemin plus lent descendre chez les morts.
J'ai pris, j'ai fait couler dans mes brûlantes veines
Un poison que Médée apporta dans Athènes.
Déjà jusqu'à mon cœur le venin parvenu,
Dans ce cœur expirant jette un froid inconnu.
Déjà je ne vois plus qu'à travers un nuage,
Et le ciel et l'époux que ma présence outrage;

Et la mort, à mes yeux dérobant la clarté,
Rend au jour qu'ils souillaient toute sa pureté.

PANOPE.

Elle expire, Seigneur.

THÉSÉE.

D'une action si noire
Que ne peut avec elle expirer la mémoire!
Allons de mon erreur, hélas! trop éclaircis,
Mêler nos pleurs au sang de mon malheureux fils.
Allons de ce cher fils embrasser ce qui reste.
Expier la fureur d'un feu que je déteste.
Rendons-lui les honneurs qu'il a trop mérités,
Et, pour mieux apaiser ses mânes irrités,
Que, malgré les complots d'une injuste famille,
Son amante aujourd'hui me tienne lieu de fille.

FIN DE PHÈDRE.

ESTHER,
TRAGÉDIE.

PRÉFACE.

La célèbre maison de Saint-Cyr ayant été principalement établie pour élever dans la piété un fort grand nombre de jeunes demoiselles rassemblées de tous les endroits du royaume, on n'y a rien oublié de tout ce qui pouvait contribuer à les rendre capables de servir Dieu, dans les différens états où il lui plaira de les appeler. Mais en leur montrant les choses essentielles et nécessaires, on ne néglige pas de leur apprendre celles qui peuvent servir à leur polir l'esprit et à leur former le jugement. On a imaginé pour cela plusieurs moyens, qui, sans les détourner de leur travail et de leurs exercices ordinaires, les instruisent en les divertissant. On leur met, pour ainsi dire, à profit leurs heures de récréation. On leur fait faire entre elles, sur leurs principaux devoirs, des conversations ingénieuses, qu'on leur a composées exprès, ou qu'elles-mêmes composent sur-le-champ. On les fait parler sur les histoires qu'on leur a lues, ou sur les importantes vérités qu'on leur a enseignées. On leur

PRÉFACE.

fait réciter par cœur et déclamer les plus beaux endroits des meilleurs poëtes ; et cela leur sert surtout à les défaire de quantité de mauvaises prononciations, qu'elles pourraient avoir apportées de leurs provinces. On a soin aussi de faire apprendre à chanter à celles qui ont de la voix, et on ne leur laisse pas perdre un talent qui les peut amuser innocemment, et qu'elles peuvent employer un jour à chanter les louanges de Dieu.

Mais la plupart des plus excellens vers de notre langue ayant été composés sur des matières fort profanes, et nos plus beaux airs étant sur des paroles extrêmement molles et efféminées, capables de faire des impressions dangereuses sur de jeunes esprits, les personnes illustres qui ont bien voulu prendre la principale direction de cette maison ont souhaité qu'il y eût quelque ouvrage qui, sans avoir tous ces défauts, pût produire une partie de ces bons effets. Elles me firent l'honneur de me communiquer leur dessein, et même de me demander si je ne pourrais pas faire sur quelque sujet de piété et de morale une espèce de poëme, où le chant fût mêlé avec le récit; le tout lié par une action qui rendît la chose plus vive et moins capable d'ennuyer.

PRÉFACE.

Je leur proposai le sujet d'Esther, qui les frappa d'abord, cette histoire leur paraissant pleine de grandes leçons d'amour de Dieu, et de détachement du monde au milieu du monde même. Et je crus de mon côté que je trouverais assez de facilité à traiter ce sujet; d'autant plus qu'il me sembla que, sans altérer aucune des circonstances tant soit peu considérables de l'Écriture-Sainte, ce qui serait, à mon avis, une espèce de sacrilége, je pourrais remplir toute mon action avec les seules scènes que Dieu lui-même, pour ainsi dire, a préparées.

J'entrepris donc la chose, et je m'aperçus qu'en travaillant sur le plan qu'on m'avait donné, j'exécutais en quelque sorte un dessein qui m'avait souvent passé dans l'esprit, qui était de lier, comme dans les anciennes tragédies grecques, le chœur et le chant avec l'action, et d'employer à chanter les louanges du vrai Dieu cette partie du chœur que les païens employaient à chanter les louanges de leurs fausses divinités.

A dire vrai, je ne pensais guère que la chose dût être aussi publique qu'elle l'a été. Mais les grandes vérités de l'Écriture, et la manière sublime dont elles y sont énoncées, pour peu qu'on

PRÉFACE.

les présente, même imparfaitement, aux yeux des hommes, sont si propres à les frapper, et d'ailleurs ces jeunes demoiselles ont déclamé et chanté cet ouvrage avec tant de grâce, tant de modestie et tant de piété, qu'il n'a pas été possible qu'il demeurât renfermé dans le secret de leur maison : de sorte qu'un divertissement d'enfans est devenu le sujet de l'empressement de toute la cour; le roi lui-même, qui en avait été touché, n'ayant pu refuser tout ce qu'il y a de plus grands seigneurs de les y mener, et ayant eu la satisfaction de voir, par le plaisir qu'ils y ont pris, qu'on se peut aussi bien divertir aux choses de piété qu'à tous les spectacles profanes.

Au reste, quoique j'aie évité soigneusement de mêler le profane avec le sacré, j'ai cru néanmoins que je pouvais emprunter deux ou trois traits d'Hérodote, pour mieux peindre Assuérus. Car j'ai suivi le sentiment de plusieurs savans interprètes de l'Écriture, qui tiennent que ce roi est le même que le fameux Darius fils d'Hystaspe, dont parle cet historien. En effet, ils en rapportent quantité de preuves, dont quelques-unes me paraissent des démonstrations. Mais je n'ai pas jugé à propos de croire ce même Hérodote sur sa parole, lorsqu'il dit que les Perses n'élevaient ni temples, ni autels, ni statues à leurs dieux, et qu'ils ne se servaient point de libations dans leurs sacrifices. Son témoignage est expressément détruit par l'Écriture, aussi bien que par Xénophon, beaucoup mieux instruit que lui des mœurs et des affaires de la Perse, et enfin par Quinte-Curce.

On peut dire que l'unité de lieu est observée dans cette pièce, en ce que toute l'action se passe dans le palais d'Assuérus. Cependant, comme on voulait rendre ce divertissement plus agréable à des enfans, en jetant quelque variété dans les décorations, cela a été cause que je n'ai pas gardé cette unité avec la même rigueur que j'ai fait autrefois dans mes tragédies.

Je crois qu'il est bon d'avertir ici que bien qu'il y ait dans Esther des personnages d'hommes, ces personnages n'ont pas laissé d'être représentés pas des filles, avec toute la bienséance de leur sexe. La chose leur a été d'autant plus aisée, qu'anciennement les habits des Persans et des Juifs étaient de longues robes qui tombaient jusqu'à terre.

Je ne puis me résoudre à finir cette préface, sans rendre à celui qui a fait la musique la justice qui lui est due, et sans confesser franchement que ses chants ont fait un des plus grands agrémens de la pièce. Tous les connaisseurs demeurent d'accord que depuis long-temps on n'a point entendu d'airs plus touchans ni plus convenables aux paroles. Quelques personnes ont trouvé la musique du dernier chœur un peu longue, quoique très-belle. Mais qu'aurait-on dit de ces jeunes Israélites qui avaient tant fait de vœux à Dieu, pour être délivrées de l'horrible péril où elles étaient, si ce péril étant passé, elles lui en avaient rendu de médiocres actions de grâces? Elles auraient directement péché contre la louable coutume de leur nation, où l'on ne recevait de Dieu aucun bienfait signalé qu'on ne l'en remerciât sur-le-champ par de fort longs cantiques; témoins ceux de Marie, sœur de Moïse, de Débora et de Judith, et tant d'autres dont l'Écriture est pleine. On dit même que les Juifs, encore aujourd'hui, celèbrent par de grandes actions de grâces le jour où leurs ancêtres furent délivrés par Esther de la cruauté d'Aman.

PERSONNAGE
DU PROLOGUE.

—

LA PIÉTÉ.

PROLOGUE.

LA PIÉTÉ.

Du séjour bienheureux de la Divinité,
Je descends dans ce lieu[1] par la grâce habité.
L'Innocence s'y plaît, ma compagne éternelle,
Et n'a point sous les cieux d'asile plus fidèle.
Ici, loin du tumulte, aux devoirs les plus saints
Tout un peuple naissant est formé par mes mains.
Je nourris dans son cœur la semence féconde
Des vertus dont il doit sanctifier le monde.
Un roi qui me protége, un roi victorieux,
A commis à mes soins ce dépôt précieux.
C'est lui qui rassembla ces colombes timides,
Éparses en cent lieux, sans secours et sans guides.
Pour elles, à sa porte, élevant ce palais,
Il leur y fit trouver l'abondance et la paix.
Grand Dieu, que cet ouvrage ait place en ta mémoire !
Que tous les soins qu'il prend pour soutenir ta gloire
Soient gravés de ta main au livre où sont écrits
Les noms prédestinés des rois que tu chéris !
Tu m'écoutes. Ma voix ne t'est point étrangère :
Je suis la Piété, cette fille si chère,
Qui t'offre de ce roi les plus tendres soupirs.

[1] La maison de Saint-Cyr.

PROLOGUE.

Du feu de ton amour j'allume ses désirs.
Du zèle qui pour toi l'enflamme et le dévore,
La chaleur se répand du couchant à l'aurore.
Tu le vois tous les jours devant toi prosterné,
Humilier ce front de splendeur couronné;
Et, confondant l'orgueil par d'augustes exemples,
Baiser avec respect le pavé de tes temples.
De ta gloire animé, lui seul de tant de rois
S'arme pour ta querelle, et combat pour tes droits.
Le perfide intérêt, l'aveugle jalousie,
S'unissent contre toi pour l'affreuse hérésie.
La discorde en fureur frémit de toutes parts.
Tout semble abandonner tes sacrés étendards.
Et l'enfer, couvrant tout de ses vapeurs funèbres,
Sur les yeux les plus saints a jeté ses ténèbres.
Lui seul, invariable, et fondé sur la foi,
Ne cherche, ne regarde, et n'écoute que toi;
Et, bravant du démon l'impuissant artifice,
De la religion soutient tout l'édifice.
Grand Dieu! juge ta cause, et déploie aujourd'hui
Ce bras, ce même bras, qui combattait pour lui,
Lorsque des nations à sa perte animées
Le Rhin vit tant de fois disperser les armées.
Des mêmes ennemis je reconnais l'orgueil.
Ils viennent se briser contre le même écueil.
Déjà, rompant partout leurs plus fermes barrières,
Du débris de leurs forts il couvre ses frontières.
Tu lui donnes un fils prompt à le seconder,
Qui sait combattre, plaire, obéir, commander;
Un fils qui, comme lui, suivi de la victoire,
Semble à gagner son cœur borner toute sa gloire,

PROLOGUE.

Un fils à tous ses vœux avec amour soumis,
L'éternel désespoir de tous ses ennemis :
Pareil à ces esprits que ta justice envoie,
Quand son roi lui dit : pars, il s'élance avec joie,
Du tonnerre vengeur s'en va tout embraser,
Et tranquille à ses pieds revient le déposer.
Mais, tandis qu'un grand roi venge ainsi mes injures,
Vous qui goûtez ici des délices si pures,
S'il permet à son cœur un moment de repos,
A vos jeux innocens appelez ce héros.
Retracez-lui d'Esther l'histoire glorieuse,
Et sur l'impiété la foi victorieuse.
Et vous, qui vous plaisez aux folles passions
Qu'allument dans vos cœurs les vaines fictions,
Profanes amateurs des spectacles frivoles,
Dont l'oreille s'ennuie au son de mes paroles,
Fuyez de mes plaisirs la sainte austérité.
Tout respire ici Dieu, la paix, la vérité.

PERSONNAGES.

ASSUÉRUS, roi de Perse.
ESTHER, reine de Perse.
MARDOCHÉE, oncle d'Esther.
AMAN, favori d'Assuérus.
ZARÈS, femme d'Aman.
HYDASPE, officier du palais intérieur d'Assuérus.
ASAPH, autre officier d'Assuérus.
ÉLISE, confidente d'Esther.
THAMAR, Israélite de la suite d'Esther.
GARDES du roi Assuérus.
CHOEUR de jeunes filles israélites.

(La scène est à Suze, dans le palais d'Assuérus.)

ESTHER,

TRAGÉDIE.

ACTE PREMIER.

(Le théâtre représente l'appartement d'Esther.)

SCÈNE PREMIÈRE.

ESTHER, ELISE.

ESTHER.

Est-ce toi, chère Élise? O jour trois fois heureux!
Que béni soit le Ciel qui te rend à mes vœux;
Toi, qui de Benjamin, comme moi, descendue,
Fus de mes premiers ans la compagne assidue;
Et qui, du même joug souffrant l'oppression,
M'aidais à soupirer les malheurs de Sion.
Combien ce temps encore est cher à ma mémoire!
Mais toi, de ton Esther ignorais-tu la gloire?
Depuis plus de six mois que je te fais chercher,
Quel climat, quel désert a donc pu te cacher?

ESTHER,

ÉLISE

Au bruit de votre mort justement éplorée,
Du reste des humains je vivais séparée,
Et de mes tristes jours n'attendais que la fin;
Quand tout à coup, Madame, un prophète divin :
C'est pleurer trop long-temps une mort qui t'abuse,
Lève-toi, m'a-t-il dit, prends ton chemin vers Suze.
Là, tu verras d'Esther la pompe et les honneurs,
Et sur le trône assis le sujet de tes pleurs.
Rassure, ajouta-t-il, tes tribus alarmées :
Sion, le jour approche, où le dieu des armées
Va de son bras puissant faire éclater l'appui,
Et le cri de son peuple est monté jusqu'à lui.
Il dit. Et moi, de joie et d'horreur pénétrée,
Je cours. De ce palais j'ai su trouver l'entrée.
O spectacle! O triomphe admirable à mes yeux!
Digne en effet du bras qui sauva vos aïeux!
Le fier Assuérus couronne sa captive,
Et le Persan superbe est aux pieds d'une Juive.
Par quels secrets ressorts, par quel enchaînement
Le Ciel a-t-il conduit ce grand événement?

ESTHER.

Peut-être on t'a compté la fameuse disgrâce
De l'altière Vasthi, dont j'occupe la place,
Lorsque le roi, contre elle enflammé de dépit,
La chassa de son trône, ainsi que de son lit.
Mais il ne put sitôt en bannir la pensée.
Vasthi régna long-temps dans son âme offensée.
Dans ses nombreux états il fallut donc chercher
Quelque nouvel objet qui l'en pût détacher.
De l'Inde à l'Hellespont ses esclaves coururent.

Les filles de l'Égypte à Suze comparurent.
Celles même du Parthe et du Scythe indompté
Y briguèrent le sceptre offert à la beauté.
On m'élevait alors solitaire et cachée,
Sous les yeux vigilans du sage Mardochée;
Tu sais combien je dois à ses heureux secours.
La mort m'avait ravi les auteurs de mes jours.
Mais lui, voyant en moi la fille de son frère,
Me tint lieu, chère Élise, et de père et de mère.
Du triste état des Juifs jour et nuit agité,
Il me tira du sein de mon obscurité;
Et, sur mes faibles mains fondant leur délivrance,
Il me fit d'un empire accepter l'espérance.
A ses desseins secrets tremblante j'obéis.
Je vins. Mais je cachai ma race et mon pays:
Qui pourrait cependant t'exprimer les cabales
Que formait en ces lieux ce peuple de rivales,
Qui toutes, disputant un si grand intérêt,
Des yeux d'Assuérus attendaient leur arrêt?
Chacune avait sa brigue et de puissans suffrages.
L'une d'un sang fameux vantait les avantages.
L'autre, pour se parer de superbes atours,
Des plus adroites mains empruntait le secours,
Et moi, pour toute brigue et pour tout artifice,
De mes larmes au Ciel j'offrais le sacrifice.
Enfin on m'annonça l'ordre d'Assuérus.
Devant ce fier monarque, Élise, je parus.
Dieu tient le cœur des rois entre ses mains puissantes;
Il fait que tout prospère aux âmes innocentes,
Tandis qu'en ses projets l'orgueilleux est trompé.
Des mes faibles attraits le roi parut frappé.

Il m'observa long-temps dans un sombre silence,
Et le Ciel, qui pour moi fit pencher la balance,
Dans ce temps-là sans doute agissait sur son cœur.
Enfin, avec des yeux où régnait la douceur :
Soyez reine, dit-il; et dès ce moment même
De sa main sur mon front posa son diadème.
Pour mieux faire éclater sa joie et son amour,
Il combla de présens tous les grands de sa cour;
Et même ses bienfaits, dans toutes ses provinces,
Invitèrent le peuple aux noces de leurs princes.
Hélas, durant ces jours de joie et de festins,
Quelle était en secret ma honte et mes chagrins!
Esther, disais-je, Esther, dans la pourpre est assise,
La moitié de la terre à son sceptre est soumise,
Et de Jérusalem l'herbe cache les murs!
Sion, repaire affreux de reptiles impurs,
Voit de son temple saint les pierres dispersées,
Et du Dieu d'Israël les fêtes sont cessées!

ÉLISE.

N'avez-vous point au roi confié vos ennuis?

ESTHER.

Le roi, jusqu'à ce jour, ignore qui je suis.
Celui par qui le Ciel règle ma destinée,
Sur ce secret encor tient ma langue enchaînée.

ÉLISE.

Mardochée? Hé peut-il approcher de ces lieux?

ESTHER.

Son amitié pour moi le rend ingénieux.
Absent je le consulte; et ses réponses sages,
Pour venir jusqu'à moi, trouvent mille passages.
Un père a moins de soins du salut de son fils.

Déjà même, déjà, par ses secrets avis,
J'ai découvert au roi les sanglantes pratiques
Que formaient contre lui deux ingrats domestiques.
Cependant mon amour pour notre nation
A rempli ce palais de filles de Sion,
Jeunes et tendres fleurs, par le sort agitées,
Sous un ciel étranger comme moi transplantées.
Dans un lieu séparé de profanes témoins,
Je mets à les former mon étude et mes soins ;
Et c'est là, que fuyant l'orgueil du diadème,
Lasse de vains honneurs, et me cherchant moi-même,
Aux pieds de l'Éternel je viens m'humilier,
Et goûter le plaisir de me faire oublier.
Mais à tous les Persans je cache leurs familles.
Il faut les appeler. Venez, venez mes filles,
Compagnes autrefois de ma captivité,
De l'antique Jacob jeune postérité.

SCÈNE II.

ESTHER, ÉLISE, LE CHOEUR.

UNE ISRAÉLITE *chantant derrière le Théâtre.*
Ma sœur, quelle voix nous appelle !
UNE AUTRE.
J'en reconnais les agréables sons.
C'est la reine.
TOUTES DEUX.
Courons mes sœurs, obéissons.
La reine nous appelle.
Allons, rangeons-nous auprès d'elle.

TOUT LE CHOEUR *entrant sur la scène par plusieurs endroits différens.*

La reine nous appelle.
Allons, rangeons-nous auprès d'elle.

ÉLISE.

Ciel, quel nombreux essaim d'innocentes beautés
S'offre à mes yeux en foule, et sort de tous côtés !
Quelle aimable pudeur sur leur visage est peinte !
Prospérez, cher espoir d'une nation sainte.
Puissent jusques au ciel vos soupirs innocens
Monter comme l'odeur d'un agréable encens !
Que Dieu jette sur vous des regards pacifiques !

ESTHER.

Mes filles, chantez-nous quelqu'un de ces cantiques,
Où vos voix, si souvent se mêlant à mes pleurs,
De la triste Sion célèbrent les malheurs.

UNE ISRAÉLITE *seule chante.*

Déplorable Sion, qu'as-tu fait de ta gloire ?
Tout l'univers admirait ta splendeur,
Tu n'es plus que poussière, et de cette grandeur
Il ne nous reste plus que la triste mémoire.
Sion, jusques au ciel élevée autrefois,
Jusqu'aux enfers maintenant abaissée !
Puissé-je demeurer sans voix,
Si dans mes chants ta douleur retracée,
Jusqu'au dernier soupir n'occupe ma pensée.

TOUT LE CHOEUR.

O rives du Jourdain ! O champs aimés des Cieux !
Sacrés monts, fertiles vallées,
Par cent miracles signalées ;

Du doux pays de nos aïeux
Serons-nous toujours exilées?

UNE ISRAÉLITE *seule*.

Quand verrai-je, ô Sion, relever tes remparts,
Et de tes tours les magnifiques faites?
Quand verrai-je de toutes parts
Tes peuples, en chantant, accourir à tes fêtes?

TOUT LE CHOEUR.

O rives du Jourdain! O champs aimés des Cieux!
Sacrés monts, fertiles vallées,
Par cent miracles signalées,
Du doux pays de nos aïeux
Serons-nous toujours exilées?

SCÈNE III.

ESTHER, MARDOCHÉE, ÉLISE, LE CHOEUR.

ESTHER.

Quel profane en ce lieu s'ose avancer vers nous?
Que vois-je, Mardochée, ô mon père, est-ce vous?
Un ange du Seigneur, sous son aile sacrée,
A donc conduit vos pas, et caché votre entrée?
Mais d'où vient cet air sombre, et ce cilice affreux,
Et cette cendre, enfin, qui couvre vos cheveux?
Que nous anoncez-vous?

MARDOCHÉE.

O reine infortunée!
O d'un peuple innocent barbare destinée!
Lisez, lisez l'arrêt détestable, cruel...
Nous sommes tous perdus, et c'est fait d'Israël.

ESTHER.
Juste Ciel! tout mon sang dans mes veines se glace.
MARDOCHÉE.
On doit de tous les Juifs exterminer la race,
Au sanguinaire Aman nous sommes tous livrés.
Les glaives, les couteaux sont déjà préparés.
Toute la nation à la fois est proscrite.
Aman, l'impie Aman, race d'Amalécite,
A pour ce coup funeste armé tout son crédit;
Et le roi trop crédule a signé cet édit.
Prévenu contre nous par cette bouche impure,
Il nous croit en horreur à toute la nature.
Ses ordres sont donnés; et, dans tous ses états,
Le jour fatal est pris pour tant d'assassinats.
Cieux, éclairerez-vous cet horrible carnage?
Le fer ne connaîtra ni le sexe, ni l'âge.
Tout doit servir de proie aux tigres, aux vautours;
Et ce jour effroyable arrive dans dix jours.
ESTHER.
O Dieu, qui vois former des desseins si funestes,
As-tu donc de Jacob abandonné les restes?
UNE DES PLUS JEUNES ISRAÉLITES.
Ciel, qui nous défendra, si tu ne nous défends?
MARDOCHÉE.
Laissez les pleurs Esther, à ces jeunes enfans.
En vous est tout l'espoir de vos malheureux frères;
Il faut les secourir. Mais les heures sont chères.
Le temps vole, et bientôt amènera le jour
Où le nom des Hébreux doit périr sans retour.
Toute pleine du feu de tant de saints prophètes,
Allez, osez au roi déclarer qui vous êtes.

ESTHER.

Hélas, ignorez-vous quelles sévères lois
Aux timides mortels cachent ici les rois !
Au fond de leur palais leur majesté terrible
Affecte à leurs sujets de se rendre invisible.
Et la mort est le prix de tout audacieux
Qui, sans être appelé, se présente à leurs yeux !
Si le roi, dans l'instant, pour sauver le coupable,
Ne lui donne à baiser son sceptre redoutable.
Rien ne met à l'abri de cet ordre fatal,
Ni le rang, ni le sexe, et le crime est égal.
Moi-même, sur son trône, à ses côtés assise,
Je suis à cette loi, comme une autre, soumise.
Et, sans le prévenir, il faut, pour lui parler,
Qu'il me cherche, ou du moins qu'il me fasse appeler.

MARDOCHÉE.

Quoi ! lorsque vous voyez périr votre patrie,
Pour quelque chose, Esther, vous comptez votre vie ?
Dieu parle, et d'un mortel vous craignez le courroux ?
Que dis-je, votre vie, Esther, est-elle à vous ?
N'est-elle pas au sang dont vous êtes issue ?
N'est-elle pas à Dieu, dont vous l'avez reçue ?
Et qui sait, lorsqu'au trône il conduisit vos pas,
Si, pour sauver son peuple, il ne vous gardait pas ?
Songez-y bien : ce Dieu ne vous a pas choisie
Pour être un vain spectacle aux peuples de l'Asie,
Ni pour charmer les yeux des profanes humains.
Pour un plus noble usage il réserve ses saints.
S'immoler pour son nom et pour son héritage,
D'un enfant d'Israël voilà le vrai partage.
Trop heureuse pour lui de hasarder vos jours !

Et quel besoin son bras a-t-il de nos secours ?
Que peuvent contre lui tous les rois de la terre ?
En vain ils s'uniraient pour lui faire la guerre ;
Pour dissiper leurs ligues, il n'a qu'à se montrer.
Il parle, et dans la poudre il les fait tous rentrer.
Au seul son de sa voix la mer fuit, le Ciel tremble.
Il voit comme un néant tout l'univers ensemble.
Et les faibles mortels, vains jouets du trépas,
Sont tous devant ses yeux comme s'ils n'étaient pas.
S'il a permis d'Aman l'audace criminelle,
Sans doute qu'il voulait éprouver votre zèle.
C'est lui qui, m'excitant à vous oser chercher,
Devant moi, chère Esther, a bien voulu marcher.
Et s'il faut que sa voix frappe en vain vos oreilles,
Nous n'en verrons pas moins éclater ses merveilles.
Il peut confondre Aman, il peut briser nos fers
Par la plus faible main qui soit dans l'univers.
Et vous, qui n'aurez point accepté cette grâce,
Vous périrez peut-être, et toute votre race.

ESTHER.

Allez. Que tous les Juifs, dans Suze répandus,
A prier avec vous jour et nuit assidus,
Me prêtent de leurs vœux le secours salutaire,
Et pendant ces trois jours gardent un jeûne austère.
Déjà la sombre nuit a commencé son tour.
Demain, quand le soleil rallumera le jour,
Contente de périr, s'il faut que je périsse,
J'irai pour mon pays m'offrir en sacrifice.
Qu'on s'éloigne un moment.

(*Le Chœur se retire vers le fond du Théâtre.*)

SCÈNE IV.

ESTHER, ÉLISE, LE CHOEUR.

ESTHER.

O mon souverain roi !
Me voici donc tremblante et seule devant toi.
Mon père mille fois m'a dit dans mon enfance,
Qu'avec nous tu juras une sainte alliance ;
Quand, pour te faire un peuple agréable à tes yeux,
Il plut à ton amour de choisir nos aïeux.
Même tu leur promis de ta bouche sacrée
Une postérité d'éternelle durée.
Hélas, ce peuple ingrat a méprisé ta loi !
La nation chérie a violé sa foi.
Elle a répudié son époux et son père,
Pour rendre à d'autres dieux un honneur adultère.
Maintenant elle sert sous un maître étranger,
Mais c'est peu d'être esclave, on la veut égorger.
Nos superbes vainqueurs, insultant à nos larmes,
Imputent à leurs dieux le bonheur de leurs armes
Et veulent aujourd'hui qu'un même coup mortel
Abolisse ton nom, ton peuple, et ton autel.
Ainsi donc un perfide, après tant de miracles,
Pourrait anéantir la foi de tes oracles ?
Ravirait aux mortels le plus cher de tes dons,
Le saint que tu promets, et que nous attendons ?
Non, non, ne souffre pas que ces peuples farouches,
Ivres de notre sang, ferment les seules bouches
Qui dans tout l'univers célèbrent tes bienfaits ;

Et confonds tous ces dieux qui ne furent jamais.
Pour moi, que tu retiens parmi ces infidèles,
Tu sais combien je hais leurs fêtes criminelles,
Et que je mets au rang des profanations
Leur table, leurs festins, et leurs libations ;
Que même cette pompe où je suis condamnée,
Ce bandeau, dont il faut que je paraisse ornée,
Dans ces jours solennels à l'orgueil dédiés,
Seule et dans le secret, je le foule à mes pieds ;
Qu'à ces vains ornemens je préfère la cendre,
Et n'ai de goût qu'aux pleurs que tu me vois répandre.
J'attendais le moment marqué dans ton arrêt,
Pour oser de ton peuple embrasser l'intérêt.
Ce moment est venu. Ma prompte obéissance
Va d'un roi redoutable affronter la présence.
C'est pour toi que je marche. Accompagne mes pas
Devant ce fier lion, qui ne te connaît pas.
Commande, en me voyant, que son courroux s'apaise,
Et prête à mes discours un charme qui lui plaise.
Les orages, les vents, les Cieux te sont soumis,
Tourne enfin sa fureur contre nos ennemis.

SCÈNE V.

(Toute cette scène est chantée.)

LE CHOEUR.

UNE ISRAÉLITE *seule*.

Pleurons et gémissons, mes fidèles compagnes.
A nos sanglots donnons un libre cours.

Levons les yeux vers les saintes montagnes,
D'où l'innocence attend tout son secours.
  O mortelles alarmes !
Tout Israël périt. Pleurez, mes tristes yeux:
  Il ne fut jamais sous les cieux
  Un si juste sujet de larmes.
TOUT LE CHOEUR.
O mortelles alarmes !
UNE AUTRE ISRAÉLITE.
N'était-ce pas assez qu'un vainqueur odieux
De l'auguste Sion eût détruit tout le charmes,
Et traîné ses enfans captifs en mille lieux ?
TOUT LE CHOEUR.
O mortelles alarmes !
LA MÊME ISRAÉLITE.
Faibles agneaux, livrés à des loups furieux,
  Nos soupirs sont nos seules armes.
TOUT LE CHOEUR.
O mortelles alarmes !
UNE ISRAÉLITE.
Arrachons, déchirons tous ces vains ornemens
  Qui parent notre tête.
UNE AUTRE.
Revêtons-nous d'habillemens
Conformes à l'horrible fête
Que l'impie Aman nous apprête.
TOUT LE CHOEUR.
Arrachons, déchirons tous ces vains ornemens
  Qui parent notre tête.
UNE ISRAÉLITE.
Quel carnage de toutes parts !

On égorge à la fois les enfans, les vieillards,
Et la sœur et le frère,
Et la fille et la mère,
Le fils dans les bras de son père.
Que de corps entassés ! Que de membres épars,
Privés de sépulture !
Grand Dieu, tes saints sont la pâture
Des tigres et des léopards !

UNE DES PLUS JEUNES ISRAÉLITES.

Hélas, si jeune encore,
Par quel crime ai-je pu mériter mon malheur ?
Ma vie à peine a commencé d'éclore.
Je tomberai comme une fleur
Qui n'a vu qu'une aurore.
Hélas, si jeune encore,
Par quel crime ai-je pu mériter mon malheur ?

UNE AUTRE.

Des offenses d'autrui malheureuses victimes
Que nous servent hélas ! ces regrets superflus ?
Nos pères ont péché, nos pères ne sont plus,
Et nous portons la peine de leurs crimes.

TOUT LE CHOEUR.

Le dieu que nous servons est le dieu des combats :
Non, non, il ne souffrira pas
Qu'on égorge ainsi l'innocence.

UNE ISRAÉLITE *seule*.

Hé quoi, dirait l'impiété,
Où donc est-il ce dieu si redouté
Dont Israël nous vantait la puissance ?

UNE AUTRE.

Ce dieu jaloux, ce dieu victorieux,

Frémissez, peuples de la terre;
Ce dieu jaloux, ce dieu victorieux,
Est le seul qui commande aux cieux.
Ni les éclairs, ni le tonnerre
N'obéissent point à vos dieux.

UNE AUTRE.

Il renverse l'audacieux.

UNE AUTRE.

Il prend l'humble sous sa défense.

TOUT LE CHOEUR.

Le dieu que nous servons est le dieu des combats :
Non, non, il ne souffrira pas
Qu'on égorge ainsi l'innocence.

DEUX ISRAÉLITES.

O Dieu, que la gloire couronne!
Dieu, que la lumière environne!
Qui vole sur l'aile des vents,
Et dont le trône est porté par les anges.

DEUX AUTRES DES PLUS JEUNES.

Dieu, qui veut bien que de simples enfans
Avec eux chantent tes louanges!

TOUT LE CHOEUR.

Tu vois nos pressans dangers.
Donne à ton nom la victoire.
Ne souffre point que ta gloire
Passe à des dieux étrangers.

UNE ISRAÉLITE *seule*.

Arme-toi. Viens nous défendre.
Descends ; tel qu'autrefois la mer te vit descendre.
Que les méchans apprennent aujourd'hui
A craindre ta colère.

Qu'ils soient comme la poudre et la paille légère,
Que le vent chasse devant lui.

TOUT LE CHOEUR.

Tu vois nos pressans dangers.
Donne à ton nom la victoire.
Ne souffre point que ta gloire
Passe à des dieux étrangers.

FIN DU PREMIER ACTE.

ACTE II.

(Le théâtre représente la chambre où est le trône d'Assuérus.)

SCÈNE PREMIÈRE.

AMAN, HYDASPE.

AMAN.
Hé quoi! lorsque le jour ne commence qu'à luire,
Dans ce lieu redoutable oses-tu m'introduire?
HYDASPE.
Vous savez qu'on s'en peut reposer sur ma foi;
Que ces portes, Seigneur, n'obéissent qu'à moi.
Venez. Partout ailleurs on pourrait nous entendre.
AMAN.
Quel est donc le secret que tu me veux apprendre?
HYDASPE.
Seigneur, de vos bienfaits mille fois honoré,
Je me souviens toujours que je vous ai juré
D'exposer à vos yeux, par des avis sincères,
Tout ce que ce palais renferme de mystères.
Le roi d'un noir chagrin paraît enveloppé.
Quelque songe effrayant cette nuit l'a frappé.
Pendant que tout gardait un silence paisible,

Sa voix s'est fait entendre avec un cri terrible.
J'ai couru. Le désordre était dans ses discours.
Il s'est plaint d'un péril qui menaçait ses jours.
Il parlait d'ennemi, de ravisseur farouche,
Même le nom d'Esther est sorti de sa bouche.
Il a dans ces horreurs passé toute la nuit.
Enfin, las d'appeler un sommeil qui le fuit,
Pour écarter de lui ces images funèbres,
Il s'est fait apporter ces annales célèbres
Où les faits de son règne, avec soin amassés,
Par de fidèles mains chaque jour sont tracés.
On y conserve écrits le service et l'offense,
Monumens éternels d'amour et de vengeance.
Le roi, que j'ai laissé plus calme dans son lit,
D'une oreille attentive écoute ce récit.

AMAN.

De quel temps de sa vie a-t-il choisi l'histoire?

HYDASPE.

Il revoit tous ces temps si remplis de sa gloire,
Depuis le fameux jour qu'au trône de Cyrus
Le choix du sort plaça l'heureux Assuérus.

AMAN.

Ce songe, Hydaspe, est donc sorti de son idée?

HYDASPE.

Entre tous les devins fameux dans la Chaldée,
Il a fait assembler ceux qui savent le mieux
Lire en un songe obscur les volontés des Cieux.
Mais quel trouble vous-même aujourd'hui vous agite;
Votre âme, en m'écoutant, paraît tout interdite.
L'heureux Aman a-t-il quelques secrets ennuis?

AMAN.

Peux-tu le demander dans la place où je suis?
Haï, craint, envié, souvent plus misérable
Que tous les malheureux que mon pouvoir accable!

HYDASPE.

Hé, qui jamais du Ciel eut des regards plus doux?
Vous voyez l'univers prosterné devant vous.

AMAN.

L'univers? Tous les jours un homme... un vil esclave,
D'un front audacieux me dédaigne et me brave.

HYDASPE.

Quel est cet ennemi de l'état et du roi?

AMAN.

Le nom de Mardochée est-il connu de toi?

HYDASPE.

Qui? Ce chef d'une race abominable, impie?

AMAN.

Oui, lui-même.

HYDASPE.

Hé, Seigneur, d'une si belle vie
Un si faible ennemi peut-il troubler la paix?

AMAN.

L'insolent devant moi ne se courba jamais.
En vain de la faveur du plus grand des monarques
Tout révère à genoux les glorieuses marques.
Lorsque d'un saint respect tous les Persans touchés
N'osent lever leurs fronts à la terre attachés,
Lui, fièrement assis, et la tête immobile,
Traite tous ces honneurs d'impiété servile,
Présente à mes regards un front séditieux,
Et ne daignerait pas au moins baisser les yeux.

Du palais cependant il assiége la porte.
A quelque heure que j'entre, Hydaspe, ou que je sorte,
Son visage odieux m'afflige et me poursuit,
Et mon esprit troublé le voit encor la nuit.
Ce matin j'ai voulu devancer la lumière.
Je l'ai trouvé couvert d'une affreuse poussière,
Revêtu de lambeaux, tout pâle; mais son œil
Conservait sous la cendre encor le même orgueil.
D'où lui vient, cher ami, cette impudente audace?
Toi, qui dans ce palais vois tout ce qui se passe,
Crois-tu que quelque voix ose parler pour lui?
Sur quel roseau fragile a-t-il mis son appui?

HYDASPE.

Seigneur, vous le savez, son avis salutaire
Découvrit de Tarès le complot sanguinaire.
Le roi promit alors de le récompenser;
Le roi, depuis ce temps, paraît n'y plus penser.

AMAN.

Non, il faut à tes yeux dépouiller l'artifice.
J'ai su de mon destin corriger l'injustice.
Dans les mains des Persans jeune enfant apporté,
Je gouverne l'empire où je fus acheté.
Mes richesses des rois égalent l'opulence.
Environné d'enfans, soutiens de ma puissance,
Il ne manque à mon front que le bandeau royal.
Cependant (des mortels aveuglement fatal!)
De cet amas d'honneurs la douceur passagère
Fait sur mon cœur à peine une atteinte légère.
Mais Mardochée, assis aux portes du palais,
Dans ce cœur malheureux enfonce mille traits;
Et toute ma grandeur me devient insipide,

TRAGÉDIE.

Tandis que le soleil éclaire ce perfide.

HYDASPE.

Vous serez de sa vue affranchi dans dix jours.
La nation entière est promise aux vautours.

AMAN.

Ah, que ce temps est long à mon impatience!
C'est lui, je te veux bien confier ma vengeance,
C'est lui qui, devant moi, refusant de ployer,
Les a livrés au bras qui les va foudroyer.
C'était trop peu pour moi d'une telle victime.
La vengeance trop faible attire un second crime.
Un homme tel qu'Aman, lorsqu'on l'ose irriter,
Dans sa juste fureur ne peut trop éclater.
Il faut des châtimens dont l'univers frémisse;
Qu'on tremble, en comparant l'offense et le supplice;
Que les peuples entiers dans le sang soient noyés.
Je veux qu'on dise un jour aux siècles effrayés:
Il fut des Juifs. Il fut une insolente race.
Répandus sur la terre, ils en couvraient la face.
Un seul osa d'Aman attirer le courroux;
Aussitôt de la terre ils disparurent tous.

HYDASPE.

Ce n'est donc pas, Seigneur, le sang amalécite
Dont la voix à les perdre en secret vous excite?

AMAN.

Je sais que, descendu de ce sang malheureux,
Une éternelle haine a dû m'armer contre eux;
Qu'ils firent d'Amalec un indigne carnage;
Que, jusqu'aux vils troupeaux, tout éprouva leur rage;
Qu'un déplorable reste à peine fut sauvé.
Mais, crois-moi, dans le rang où je suis élevé,

Mon âme, à ma grandeur tout entière attachée,
Des intérêts du sang est faiblement touchée.
Mardochée est coupable, et que faut-il de plus?
Je prévins donc contre eux l'esprit d'Assuérus;
J'inventai des couleurs; j'armai la calomnie;
J'intéressai sa gloire; il trembla pour sa vie.
Je les peignis puissans, riches, séditieux;
Leur dieu même ennemi de tous les autres dieux.
Jusqu'à quand souffre-t-on que ce peuple respire,
Et d'un culte profane infecte votre empire?
Étrangers dans la Perse, à nos lois opposés,
Du reste des humains ils semblent divisés;
N'aspirent qu'à troubler le repos où nous sommes,
Et détestés partout, détestent tous les hommes.
Prévenez, punissez leurs insolens efforts.
De leur dépouille enfin grossissez vos trésors.
Je dis, et l'on me crut. Le roi, dès l'heure même,
Mit dans ma main le sceau de son pouvoir suprême.
Assure, me dit-il, le repos de ton roi.
Va, perds ces malheureux; leur dépouille est à toi.
Toute la nation fut ainsi condamnée,
Du carnage avec lui je réglai la journée.
Mais de ce traître enfin le trépas différé
Fait trop souffrir mon cœur de son sang altéré.
Un je ne sais quel trouble empoisonne ma joie.
Pourquoi dix jours encor faut-il que je le voie?

HYDASPE.

Et ne pouvez-vous pas d'un mot l'exterminer?
Dites au roi, Seigneur, de vous l'abandonner.

AMAN.

Je viens pour épier le moment favorable.

Tu connais, comme moi, ce prince inexorable.
Tu sais combien terrible en ses soudains transports,
De nos desseins souvent il rompt tous les ressorts.
Mais à me tourmenter ma crainte est trop subtile.
Mardochée à ses yeux est une âme trop vile.

HYDASPE.

Que tardez-vous? Allez, et faites promptement
Élever de sa mort le honteux instrument.

AMAN.

J'entends du bruit, je sors. Toi, si le roi m'appelle.....

HYDASPE.

Il suffit.

SCÈNE II.

ASSUÉRUS, HYDASPE, ASAPH,
SUITE D'ASSUÉRUS.

ASSUÉRUS.

Ainsi donc, sans cet avis fidèle,
Deux traîtres dans son lit assassinaient leur roi?
Qu'on me laisse, et qu'Asaph seul demeure avec moi.

SCÈNE III.

ASSUÉRUS, *assis sur son trône*, ASAPH.

ASSUÉRUS.

Je veux bien l'avouer. De ce couple perfide
J'avais presque oublié l'attentat parricide.
Et j'ai pâli deux fois au terrible récit
Qui vient d'en retracer l'image à mon esprit.

Je vois de quel succès leur fureur fut suivie,
Et que dans les tourmens ils laissèrent la vie.
Mais ce sujet zélé qui, d'un œil si subtil,
Sut de leur noir complot développer le fil,
Qui me montra sur moi leur main déjà levée,
Enfin par qui la Perse avec moi fut sauvée,
Quel honneur, pour sa foi, quel prix a-t-il reçu ?

ASAPH.

On lui promit beaucoup, c'est tout ce que j'ai su.

ASSUÉRUS.

O d'un si grand service oubli trop condamnable !
Des embarras du trône effet inévitable !
De soins tumultueux un prince environné,
Vers de nouveaux objets est sans cesse entraîné.
L'avenir l'inquiète, et le présent le frappe.
Mais plus prompt que l'éclair le passé nous échappe;
Et de tant de mortels à toute heure empressés
A nous faire valoir leurs soins intéressés,
Il ne s'en trouve point qui, touchés d'un vrai zèle,
Prennent à notre gloire un intérêt fidèle;
Du mérite oublié nous fassent souvenir,
Trop prompts à nous parler de ce qu'il faut punir.
Ah, que plutôt l'injure échappe à ma vengeance,
Qu'un si rare bienfait à ma reconnaissance !
Et qui voudrait jamais s'exposer pour son roi ?
Ce mortel qui montra tant de zèle pour moi,
Vit-il encore ?

ASAPH.

Il voit l'astre qui vous éclaire.

ASSUÉRUS.

Et que n'a-t-il plus tôt demandé son salaire ?

Quel pays reculé le cache à mes bienfaits?
ASAPH.
Assis le plus souvent aux portes du palais,
Sans se plaindre de vous ni de sa destinée,
Il y traîne, Seigneur, sa vie infortunée.
ASSUÉRUS.
Et je dois d'autant moins oublier la vertu,
Qu'elle-même s'oublie. Il se nomme, dis-tu?
ASAPH.
Mardochée est le nom que je viens de vous lire.
ASSUÉRUS.
Et son pays?
ASAPH.
Seigneur, puisqu'il faut vous le dire,
C'est un de ces captifs à périr destinés,
Des rives du Jourdain sur l'Euphrate amenés.
ASSUÉRUS.
Il est donc Juif? O Ciel! Sur le point que la vie
Par mes propres sujets m'allait être ravie,
Un Juif rend par ses soins leurs efforts impuissans?
Un Juif m'a préservé du glaive des Persans?
Mais, puisqu'il m'a sauvé, quel qu'il soit, il n'importe.
Holà, quelqu'un.

SCÈNE IV.

ASSUÉRUS, HYDASPE, ASAPH.

HYDASPE.
Seigneur.
ASSUÉRUS
Regarde cette porte.
Vois s'il s'offre à tes yeux quelque grand de ma cour.

HYDASPE.

Aman à votre porte a devancé le jour.

ASSUÉRUS.

Qu'il entre. Ses avis m'éclaireront peut-être.

SCÈNE V.

ASSUÉRUS, AMAN, HYDASPE, ASAPH.

ASSUÉRUS.

Approche, heureux appui du trône de ton maître.
Ame de mes conseils, et qui seul tant de fois
Du sceptre de ma main as soulagé le poids.
Un reproche secret embarrasse mon âme.
Je sais combien est pur le zèle qui t'enflamme,
Le mensonge jamais n'entra dans tes discours,
Et mon intérêt seul est le but où tu cours.
Dis-moi donc. Que doit faire un prince magnanime
Qui veut combler d'honneurs un sujet qu'il estime?
Par quel gage éclatant, et digne d'un grand roi,
Puis-je récompenser le mérite et la foi?
Ne donne point de bornes à ma reconnaissance.
Mesure tes conseils sur ma vaste puissance.

AMAN, *bas à part.*

C'est pour toi-même Aman que tu vas prononcer,
Et quel autre que toi peut-on récompenser?

ASSUÉRUS.

Que penses-tu ?

AMAN.

Seigneur, je cherche, j'envisage
Des monarques persans la conduite et l'usage,

Mais, à mes yeux en vain je les rappelle tous.
Pour vous régler sur eux, que sont-ils près de vous?
Votre règne aux neveux doit servir de modèle.
Vous voulez d'un sujet reconnaître le zèle.
L'honneur seul peut flatter un esprit généreux.
Je voudrais donc, Seigneur, que ce mortel heureux,
De la pourpre aujourd'hui paré comme vous-même,
Et portant sur le front le sacré diadème,
Sur un de vos coursiers pompeusement orné,
Aux yeux de vos sujets dans Suze fût mené;
Que, pour comble de gloire et de magnificence,
Un Seigneur éminent en richesse, en puissance,
Enfin de votre empire, après vous le premier,
Par la bride guidât son superbe coursier;
Et lui-même marchant en habits magnifiques,
Criât à haute voix dans les places publiques :
Mortels, prosternez-vous. C'est ainsi que le roi
Honore le mérite, et couronne la foi.

ASSUÉRUS.

Je vois que la sagesse elle-même t'inspire.
Avec mes volontés ton sentiment conspire.
Va, ne perds pas de temps. Ce que tu m'as dicté,
Je veux de point en point qu'il soit exécuté.
La vertu dans l'oubli ne sera pas cachée.
Aux portes du palais prends le Juif Mardochée;
C'est lui que je prétends honorer aujourd'hui.
Ordonne son triomphe, et marche devant lui.
Que Suze par ta voix de son nom retentisse,
Et fais à son aspect que tout genou fléchisse.
Sortez tous.

AMAN *à part.*

Dieux !

SCÈNE VI.

ASSUÉRUS, *seul.*

Le prix est, sans doute, inouï.
Jamais d'un tel honneur un sujet n'a joui.
Mais plus la récompense est grande et glorieuse,
Plus même de ce Juif la race est odieuse,
Plus j'assure ma vie, et montre avec éclat
Combien Assuérus redoute d'être ingrat.
On verra l'innocent discerné du coupable.
Je n'en perdrai pas moins ce peuple abominable.
Leurs crimes.....

SCÈNE VII.

ASSUÉRUS, ESTHER, *s'appuyant sur Élise; quatre Israélites soutiennent sa robe;* ÉLISE, THAMAR, UNE PARTIE DU CHOEUR.

ASSUÉRUS.

Sans mon ordre on porte ici ses pas !
Quel mortel insolent vient chercher le trépas ?
Gardes. C'est vous, Esther ? Quoi, sans être attendue ?

ESTHER.

Mes filles, soutenez votre reine éperdue.
Je me meurs.

(*Elle tombe évanouie.*)

ASSUÉRUS.

Dieux puissans, quelle étrange pâleur
De son teint tout à coup efface la couleur!
Esther, que craignez-vous ? Suis-je pas votre frère !
Est-ce pour vous qu'est fait un ordre si sévère ?
Vivez. Le sceptre d'or que vous tend cette main,
Pour vous de ma clémence est un gage certain.

ESTHER.

Quelle voix salutaire ordonne que je vive,
Et rappelle en mon sein mon âme fugitive ?

ASSUÉRUS.

Ne connaissez-vous pas la voix de votre époux,
Encore un coup vivez, et revenez à vous.

ESTHER.

Seigneur, je n'ai jamais contemplé qu'avec crainte
L'auguste majesté sur votre front empreinte.
Jugez combien ce front, irrité contre moi,
Dans mon âme troublée a dû jeter d'effroi.
Sur ce trône sacré qu'environne la foudre,
J'ai cru vous voir tout prêt à me réduire en poudre.
Hélas, sans frissonner, quel cœur audacieux
Soutiendrait les éclairs qui partaient de vos yeux ?
Ainsi du Dieu vivant la colère étincelle.....

ASSUÉRUS.

O soleil ! ô flambeau de lumière immortelle !
Je me trouble moi-même, et sans frémissement
Je ne puis voir sa peine et son saisissement.
Calmez, reine, calmez la frayeur qui vous presse.
Du cœur d'Assuérus souveraine maîtresse,
Éprouvez seulement son ardente amitié.
Faut-il de mes états vous donner la moitié ?

ESTHER.

Hé, se peut-il qu'un roi, craint de la terre entière,
Devant qui tout fléchit et baise la poussière,
Jette sur son esclave un regard si serein,
Et m'offre sur son cœur un pouvoir souverain!

ASSUÉRUS.

Croyez moi, chère Esther, ce sceptre, cet empire,
Et ces profonds respects que la terreur inspire,
A leur pompeux éclat mêlent peu de douceur,
Et fatiguent souvent leur triste possesseur.
Je ne trouve qu'en vous je ne sais quelle grâce,
Qui me charme toujours et jamais ne me lasse;
De l'aimable vertu doux et puissans attraits!
Tout respire en Esther l'innocence et la paix.
Du chagrin le plus noir elle écarte les ombres,
Et fait des jours sereins de mes jours les plus sombres.
Que dis-je? Sur ce trône assis auprès de vous,
Des astres ennemis j'en crains moins le courroux,
Et crois que votre front prête à mon diadème
Un éclat qui le rend respectable aux dieux même.
Osez donc me répondre, et ne me cachez pas
Quel sujet important conduit ici vos pas.
Quel intérêt, quels soins vous agitent, vous pressent?
Je vois qu'en m'écoutant vos yeux au ciel s'adressent.
Parlez. De vos désirs le succès est certain,
Si ce succès dépend d'une mortelle main.

ESTHER.

O bonté qui m'assure autant qu'elle m'honore!
Un intérêt pressant veut que je vous implore.
J'attends ou mon malheur ou ma félicité;
Et tout dépend, Seigneur, de votre volonté.

Un mot de votre bouche, en terminant mes peines,
Peut rendre Esther heureuse entre toutes les reines.
ASSUÉRUS.
Ah, que vous enflammez mon désir curieux !
ESTHER.
Seigneur, si j'ai trouvé grâce devant vos yeux,
Si jamais à mes vœux vous fûtes favorable,
Permettez, avant tout, qu'Esther puisse à sa table
Recevoir aujourd'hui son souverain Seigneur,
Et qu'Aman soit admis à cet excès d'honneur.
J'oserai devant lui rompre ce grand silence,
Et j'ai, pour m'expliquer, besoin de sa présence.
ASSUÉRUS.
Dans quelle inquiétude, Esther, vous me jetez !
Toutefois qu'il soit fait comme vous souhaitez.

(A ceux de sa suite.)

Vous, que l'on cherche Aman, et qu'on lui fasse entendre,
Qu'invité chez la reine il ait soin de s'y rendre.

SCÈNE VIII.

ASSUÉRUS, ESTHER, ÉLISE, THAMAR, HYDASPE, UNE PARTIE DU CHOEUR.

HYDASPE.
Les savans Chaldéens, par votre ordre appelés,
Dans cet appartement, Seigneur, sont assemblés.
ASSUÉRUS.
Princesse, un songe étrange occupe ma pensée.
Vous-même en leur réponse êtes intéressée.
Venez, derrière un voile écoutant leurs discours,

ESTHER,

De vos propres clartés me prêter le secours.
Je crains pour vous, pour moi, quelque ennemi perfide.

ESTHER.

Suis-moi, Thamar. Et vous, troupe jeune et timide,
Sans craindre ici les yeux d'une profane cour,
A l'abri de ce trône attendez mon retour.

SCÈNE IX.

(Cette scène est partie déclamée et partie chantée.)

ÉLISE, UNE PARTIE DU CHOEUR.

ÉLISE.

Que vous semble, mes sœurs, de l'état où nous sommes?
D'Esther, d'Aman, qui le doit emporter?
Est-ce Dieu, sont-ce les hommes,
Dont les œuvres vont éclater?
Vous avez vu quelle ardente colère
Allumait de ce roi le visage sévère.

UNE ISRAÉLITE.

Des éclairs de ses yeux l'œil était ébloui.

UNE AUTRE.

Et sa voix m'a paru comme un tonnerre horrible.

ÉLISE.

Comment ce courroux si terrible,
En un moment s'est-il évanoui?

UNE ISRAÉLITE *chante*.

Un moment a changé ce courage inflexible.
Le lion rugissant est un agneau paisible.

Dieu, notre Dieu, sans doute a versé dans son cœur
Cet esprit de douceur.

LE CHOEUR.

Dieu, notre Dieu, sans doute a versé dans son cœur
Cet esprit de douceur.

LA MÊME ISRAÉLITE *chante.*

Tel qu'un ruisseau docile
Obéit à la main qui détourne son cours,
Et, laissant de ses eaux partager le secours,
Va rendre tout un champ fertile;
Dieu, de nos volontés arbitre souverain,
Le cœur des rois est ainsi dans ta main!

ÉLISE.

Ah, que je crains, mes sœurs, les funestes nuages
Qui de ce prince obscurcissent les yeux!
Comme il est aveuglé du culte de ses dieux!

UNE ISRAÉLITE.

Il n'atteste jamais que leurs noms odieux.

UNE AUTRE.

Aux feux inanimés dont se parent les Cieux,
Il rend de profanes hommages.

UNE AUTRE.

Tout son palais est plein de leurs images.

LE CHOEUR *chante.*

Malheureux, vous quittez le Maître des humains,
Pour adorer l'ouvrage de vos mains.

UNE ISRAÉLITE *chante.*

Dieu d'Israël, dissipe enfin cette ombre.
Des larmes de tes saints quand seras-tu touché?
Quand sera le voile arraché,
Qui sur tout l'univers jette une nuit si sombre!

Dieu d'Israël, dissipe enfin cette ombre.
Jusqu'à quand seras-tu caché?
UNE DES PLUS JEUNES ISRAÉLITES.
Parlons plus bas, mes sœurs, Ciel, si quelque infidèle,
Écoutant nos discours, nous allait déceler!
ÉLISE.
Quoi, fille d'Abraham, une crainte mortelle
Semble déjà vous faire chanceler?
Hé, si l'impie Aman dans sa main homicide
Faisant luire à vos yeux un glaive menaçant,
A blasphémer le nom du Tout-Puissant
Voulait forcer votre bouche timide?
UNE AUTRE ISRAÉLITE.
Peut-être Assuérus frémissant de courroux,
Si nous ne courbons les genoux
Devant une muette idole,
Commandera qu'on nous immole.
Chère sœur, que choisirez-vous?
LA JEUNE ISRAÉLITE,
Moi, je pourrais trahir le dieu que j'aime.
J'adorerais un dieu sans force et sans vertu,
Reste d'un tronc par les vents abattu,
Qui ne peut se sauver lui-même?
LE CHOEUR *chante.*
Dieux impuissans, dieux sourds, tous ceux qui vous implorent
Ne seront jamais entendus.
Que les démons, et ceux qui les adorent,
Soient à jamais détruits et confondus.
UNE ISRAÉLITE *chante.*
Que ma bouche et mon cœur, et tout ce que je suis,
Rendent honneur au dieu qui m'a donné la vie.

Dans les craintes, dans les ennuis,
En ses bontés mon âme se confie.
Veut-il par mon trépas que je le glorifie?
Que ma bouche et mon cœur, et tout ce que je suis,
Rendent honneur au dieu qui m'a donné la vie.

ÉLISE.

Je n'admirai jamais la gloire de l'impie,

UNE AUTRE ISRAÉLITE.

Au bonheur du méchant qu'une autre porte envie.

ÉLISE.

Tous ses jours paraissent charmans.
L'or éclate en ses vêtemens.
Son orgueil est sans borne, ainsi que sa richesse.
Jamais l'air n'est troublé de ses gémissemens.
Il s'endort, il s'éveille au son des instrumens.
Son cœur nage dans la mollesse.

UNE AUTRE ISRAÉLITE.

Pour comble de prospérité,
Il espère revivre en sa postérité;
Et d'enfans à sa table une riante troupe
Semble boire avec lui la joie à pleine coupe.

(Tout le reste est chanté.)

LE CHOEUR.

Heureux, dit-on, le peuple florissant
Sur qui ces biens coulent en abondance!
Plus heureux le peuple innocent
Qui dans le dieu du Ciel a mis sa confiance!

UNE ISRAÉLITE *seule*.

Pour contenter ses frivoles désirs,
L'homme insensé vainement se consume.

Il trouve l'amertume
Au milieu des plaisirs.
UNE AUTRE *seule*.
Le bonheur de l'impie est toujours agité;
Il erre à la merci de sa propre inconstance.
Ne cherchons la félicité
Que dans la paix de l'innocence.
LA MÊME *avec une autre*.
O douce paix!
O lumière éternelle!
Beauté toujours nouvelle,
Heureux le cœur épris de tes attraits!
O douce paix!
O lumière éternelle,
Heureux le cœur qui ne te perd jamais!
LE CHOEUR.
O douce paix!
O lumière éternelle,
Beauté toujours nouvelle!
O douce paix,
Heureux le cœur qui ne te perd jamais!
LA MÊME *seule*.
Nulle paix pour l'impie. Il la cherche; elle fuit;
Et le calme en son cœur ne trouve point de place.
Le glaive au dehors le poursuit.
Le remords au dedans le glace.
UNE AUTRE.
La gloire des méchans en un moment s'éteint;
L'affreux tombeau pour jamais les dévore.
Il n'en est pas ainsi de celui qui te craint,
Il renaîtra, mon Dieu, plus brillant que l'aurore.

LE CHOEUR.

O douce paix,
Heureux le cœur qui ne te perd jamais !

ÉLISE, *sans chanter*.

Mes sœurs, j'entends du bruit dans la chambre prochaine.
On nous appelle, allons rejoindre notre reine.

FIN DU SECOND ACTE.

ACTE III.

(Le théâtre représente les jardins d'Esther, et un des côtés du salon où se fait le festin.)

SCÈNE PREMIÈRE.

AMAN, ZARÈS.

ZARÈS.

C'est donc ici d'Esther le superbe jardin,
Et ce salon pompeux est le lieu du festin.
Mais tandis que la porte en est encor fermée,
Écoutez les conseils d'une épouse alarmée.
Au nom du sacré nœud qui me lie avec vous,
Dissimulez, Seigneur, cet aveugle courroux.
Éclaircissez ce front où la tristesse est peinte.
Les rois craignent surtout le reproche et la plainte.
Seul entre tous les grands par la reine invité,
Ressentez donc aussi cette félicité.
Si le mal vous aigrit, que le bienfait vous touche :
Je l'ai cent fois appris de votre propre bouche ;
Quiconque ne sait pas dévorer un affront,
Ni de fausses couleurs se déguiser le front,
Loin de l'aspect des rois qu'il s'écarte, qu'il fuie.

Il est des contre-temps qu'il faut qu'un sage essuie.
Souvent avec prudence un outrage enduré
Aux honneurs les plus hauts a servi de degré.

AMAN.

O douleur, ô supplice affreux à la pensée!
O honte qui jamais ne peut être effacée!
Un exécrable Juif, l'opprobre des humains,
S'est donc vu de la pourpre habillé par mes mains!
C'est peu qu'il ait sur moi remporté la victoire;
Malheureux, j'ai servi de héraut à sa gloire.
Le traître, il insultait à ma confusion!
Et tout le peuple même, avec dérision,
Observant la rougeur qui couvrait mon visage,
De ma chute certaine en tirait le présage.
Roi cruel, ce sont là les jeux où tu te plais!
Tu ne m'as prodigué tes perfides bienfaits
Que pour me faire mieux sentir ta tyrannie,
Et m'accabler enfin de plus d'ignominie.

ZARÈS.

Pourquoi juger si mal de son intention?
Il croit récompenser une bonne action.
Ne faut-il pas, Seigneur, s'étonner, au contraire,
Qu'il en ait si long-temps différé le salaire?
Du reste il n'a rien fait que par votre conseil;
Vous-même avez dicté tout ce triste appareil.
Vous êtes après lui le premier de l'empire.
Sait-il toute l'horreur que ce Juif vous inspire?

AMAN.

Il sait qu'il me doit tout, et que, pour sa grandeur,
J'ai foulé sous les pieds remords, crainte, pudeur;
Qu'avec un cœur d'airain exerçant sa puissance,

J'ai fait taire les lois et gémir l'innocence;
Que pour lui des Persans bravant l'aversion,
J'ai chéri, j'ai cherché la malédiction;
Et pour prix de ma vie à leur haine exposée,
Le barbare aujourd'hui m'expose à leur risée.

ZARÈS.

Seigneur, nous sommes seuls: Que sert de se flatter?
Ce zèle que pour lui vous fîtes éclater;
Ce soin d'immoler tout à son pouvoir suprême,
Entre nous avait-il d'autre objet que vous-même?
Et sans chercher plus loin, tous ces Juifs désolés,
N'est-ce pas à vous seul que vous les immolez?
Et ne craignez-vous point que quelque avis funeste...
Enfin la cour nous hait, le peuple nous déteste.
Ce Juif même, il le faut confesser malgré moi,
Ce Juif, comblé d'honneurs, me cause quelque effroi.
Les malheurs sont souvent enchaînés l'un à l'autre,
Et sa race toujours fut fatale à la vôtre.
De ce léger affront songez à profiter,
Peut-être la fortune est prête à vous quitter.
Aux plus affreux excès son inconstance passe;
Prévenez son caprice avant qu'elle se lasse.
Où tendez-vous plus haut? Je frémis quand je voi
Les abîmes profonds qui s'offrent devant moi;
La chute désormais ne peut être qu'horrible;
Osez chercher ailleurs un destin plus paisible;
Regagnez l'Hellespont et ces bords écartés
Où vos aïeux errans jadis furent jetés,
Lorsque des Juifs contre eux la vengeance allumée
Chassa tout Amalec de la triste Idumée.
Aux malices du sort enfin dérobez-vous.

Nos plus riches trésors marcheront devant nous.
Vous pouvez du départ me laisser la conduite,
Surtout de vos enfans j'assurerai la fuite.
N'ayez soin cependant que de dissimuler.
Contente sur vos pas vous me verrez voler.
La mer la plus terrible et la plus orageuse
Est plus sûre pour nous que cette cour trompeuse.
Mais à grands pas vers vous je vois quelqu'un marcher;
C'est Hydaspe.

SCÈNE II.

AMAN, ZARÈS, HYDASPE.

HYDASPE.

Seigneur, je courais vous chercher.
Votre absence en ces lieux suspend toute la joie;
Et pour vous y conduire Assuérus m'envoie.

AMAN.

Et Mardochée est-il aussi de ce festin?

HYDASPE.

À la table d'Esther portez-vous ce chagrin?
Quoi, toujours de ce Juif l'image vous désole?
Laissez-le s'applaudir d'un triomphe frivole.
Croit-il d'Assuérus éviter la rigueur?
Ne possédez-vous pas son oreille et son cœur?
On a payé le zèle, on punira le crime,
Et l'on vous a, Seigneur, orné votre victime.
Je me trompe, ou vos vœux par Esther secondés
Obtiendront plus encor que vous ne demandez.

AMAN.

Croirai-je le bonheur que ta bouche m'annonce?

HYDASPE.

J'ai des savans devins entendu la réponse.
Ils disent que la main d'un perfide étranger
Dans le sang de la reine est prête à se plonger.
Et le roi, qui ne sait où trouver le coupable,
N'impute qu'aux seuls Juifs ce projet détestable.

AMAN.

Oui, ce sont, cher ami, des monstres furieux.
Il faut craindre surtout leur chef audacieux.
La terre avec horreur dès long-temps les endure ;
Et l'on n'en peut trop tôt délivrer la nature.
Ah, je respire enfin. Chère Zarès, adieu.

HYDASPE.

Les compagnes d'Esther s'avancent vers ce lieu.
Sans doute leur concert va commencer la fête,
Entrez, et recevez l'honneur qu'on vous apprête.

SCÈNE III.

ÉLISE, LE CHOEUR.

(Ceci se récite sans chant.)

UNE DES ISRAÉLITES.

C'est Aman.

UNE AUTRE.

C'est lui-même, et j'en frémis, ma sœur.

LA PREMIÈRE.

Mon cœur de crainte et d'horreur se resserre.

L'AUTRE.

C'est d'Israël le superbe oppresseur.

LA PREMIÈRE.

C'est lui qui trouble la terre.

ÉLISE.
Peut-on, en le voyant, ne le connaître pas!
L'orgueil et le dédain sont peints sur son visage.
UNE ISRAÉLITE.
On lit dans ses regards sa fureur et sa rage.
UNE AUTRE.
Je croyais voir marcher la mort devant ses pas.
UNE DES PLUS JEUNES.
Je ne sais si ce tigre a reconnu sa proie.
Mais, en nous regardant, mes sœurs, il m'a semblé
Qu'il avait dans les yeux une barbare joie,
   Dont tout mon sang est encore troublé.
ÉLISE.
Que ce nouvel honneur va croître son audace!
   Je le vois, mes sœurs; je le voi.
A la table d'Esther, l'insolent près du roi
   A déjà pris sa place.
UNE DES ISRAÉLITES.
Ministres du festin, de grâce dites-nous
Quel mets à ce cruel, quel vin préparez-vous?
UNE AUTRE.
Le sang de l'orphelin.
UNE TROISIÈME.
          Les pleurs des misérables.
LA SECONDE.
Sont ses mets les plus agréables.
LA TROISIÈME.
C'est son breuvage le plus doux.
ÉLISE.
Chères sœurs, suspendez la douleur qui vous presse.

Chantons, on nous l'ordonne; et que puissent nos chants
Du cœur d'Assuérus adoucir la rudesse,
Comme autrefois David, par ses accords touchans,
Calmait d'un roi jaloux la sauvage tristesse.

(Tout le reste de cette scène est chanté.)

UNE ISRAÉLITE.

Que le peuple est heureux,
Lorsqu'un roi généreux,
Craint dans tout l'univers, veut encore qu'on l'aime!
Heureux le peuple! Heureux le roi lui-même!

TOUT LE CHOEUR.

O repos! O tranquillité!
O d'un parfait bonheur assurance éternelle,
Quand la suprême autorité
Dans ses conseils a toujours auprès d'elle,
La justice et la vérité!

(Ces quatre stances sont chantées alternativement
par une voix seule et par le chœur.)

UNE ISRAÉLITE.

Rois, chassez la calomnie.
Ses criminels attentats
Des plus paisibles états
Troublent l'heureuse harmonie.

Sa fureur de sang avide,
Poursuit partout l'innocent.
Rois, prenez soin de l'absent
Contre sa langue homicide.

De ce monstre si farouche
Craignez la feinte douceur.
La vengeance est dans son cœur,
Et la pitié dans sa bouche.

La fraude adroite et subtile
Sème de fleurs son chemin.
Mais sur ses pas vient enfin
Le repentir inutile.

UNE ISRAÉLITE *seule*.

D'un souffle l'aquilon écarte les nuages,
Et chasse au loin la foudre et les orages.
Un roi sage, ennemi du langage menteur,
Écarte d'un regard le perfide imposteur.

UNE AUTRE.

J'admire un roi victorieux,
Que sa valeur conduit triomphant en tous lieux.
Mais un roi sage, et qui hait l'injustice,
Qui, sous la loi du riche impérieux,
Ne souffre point que le pauvre gémisse,
Est le plus beau présent des Cieux.

UNE AUTRE.

La veuve en sa défense espère.

UNE AUTRE,

De l'orphelin il est le père.

TOUTES ENSEMBLE.

Et les larmes du juste, implorant son appui,
Sont précieuses devant lui.

ESTHER,

UNE ISRAÉLITE *seule.*

Détourne, roi puissant, détourne tes oreilles
De tout conseil barbare et mensonger.
Il est temps que tu t'éveilles.
Dans le sang innocent ta main va se plonger
Pendant que tu sommeilles.
Détourne, roi puissant, détourne tes oreilles
De tout conseil barbare et mensonger.

UNE AUTRE.

Ainsi puisse sous toi trembler la terre entière.
Ainsi puisse à jamais contre tes ennemis,
Le bruit de ta valeur te servir de barrière.
S'ils t'attaquent, qu'ils soient en un moment soumis.
Que de ton bras la force les renverse;
Que de ton nom la terreur les disperse;
Que tout leur camp nombreux soit devant tes soldats
Comme d'enfans une troupe inutile;
Et si, par un chemin, il entre en tes états,
Qu'il en sorte par plus de mille.

SCÈNE IV.

ASSUÉRUS, ESTHER, AMAN, ÉLISE, LE CHOEUR.

ASSUÉRUS, *à Esther.*

Oui, vos moindres discours ont des grâces secrètes:
Une noble pudeur à tout ce que vous faites
Donne un prix que n'ont point ni la pourpre ni l'or.
Quel climat renfermait un si rare trésor?
Dans quel sein vertueux avez-vous pris naissance?

Et quelle main si sage éleva votre enfance?
Mais dites promptement ce que vous demandez.
Tous vos désirs, Esther, vous seront accordés;
Dussiez-vous, je l'ai dit et veux bien le redire,
Demander la moitié de ce puissant empire.

ESTHER.

Je ne m'égare point dans ces vastes désirs.
Mais, puisqu'il faut enfin expliquer mes soupirs,
Puisque mon roi lui-même à parler me convie,
(se jetant aux pieds du roi.)
J'ose vous implorer, et pour ma propre vie,
Et pour les tristes jours d'un peuple infortuné
Qu'à périr avec moi vous avez condamné.

ASSUÉRUS, *la relevant.*

A périr! vous! Quel peuple? Et quel est ce mystère?

AMAN, *bas, à part.*

Je tremble.

ESTHER.

Esther, Seigneur, eut un Juif pour son père.
De vos ordres sanglans vous savez la rigueur.

AMAN, *à part.*

Ah, dieux!

ASSUÉRUS.

Ah, de quel coup me percez-vous le cœur!
Vous la fille d'un Juif? Hé quoi! tout ce que j'aime!
Cette Esther, l'innocence et la sagesse même,
Que je croyais du Ciel les plus chères amours,
Dans cette source impure aurait puisé ses jours!
Malheureux!

ESTHER.

Vous pourrez rejeter ma prière;

Mais je demande au moins que, pour grâce dernière,
Jusqu'à la fin, Seigneur, vous m'entendiez parler,
Et que surtout Aman n'ose point me troubler.

ASSUÉRUS.

Parlez.

ESTHER.

O Dieu, confonds l'audace et l'imposture !
Ces Juifs dont vous voulez délivrer la nature,
Que vous croyez, Seigneur, le rebut des humains,
D'une riche contrée autrefois souverains,
Pendant qu'ils n'adoraient que le dieu de leurs pères,
Ont vu bénir le cours de leurs destins prospères.
Ce dieu, maître absolu de la terre et des cieux,
N'est point tel que l'erreur le figure à vos yeux.
L'Éternel est son nom : le monde est son ouvrage.
Il entend les soupirs de l'humble qu'on outrage ;
Juge tous les mortels avec d'égales lois,
Et du haut de son trône interroge les rois.
Des plus fermes états la chute épouvantable,
Quand il veut n'est qu'un jeu de sa main redoutable.
Les Juifs à d'autres dieux osèrent s'adresser ;
Roi, peuple, dans un jour tout se vit disperser.
Sous les Assyriens leur triste servitude,
Devint le juste prix de leur ingratitude.
Mais, pour punir enfin nos maîtres à leur tour,
Dieu fit choix de Cyrus avant qu'il vît le jour,
L'appela par son nom, le promit à la terre,
Le fit naître, et soudain l'arma de son tonnerre,
Brisa les fiers remparts et les portes d'airain ;
Mit des superbes rois la dépouille en sa main,
De son temple détruit vengea sur eux l'injure :

Babylone paya nos pleurs avec usure.
Cyrus par lui vainqueur publia ses bienfaits,
Regarda notre peuple avec des yeux de paix;
Nous rendit et nos lois et nos fêtes divines,
Et le temple déjà sortait de ses ruines.
Mais de ce roi si sage, héritier insensé,
Son fils interrompit l'ouvrage commencé,
Fut sourd à nos douleurs. Dieu rejeta sa race,
Le retrancha lui-même, et vous mit en sa place.
Que n'espérions nous point d'un roi si généreux!
Dieu regarde en pitié son peuple malheureux,
Disions-nous; un roi règne, ami de l'innocence;
Partout du nouveau prince on vantait la clémence.
Les Juifs partout de joie en poussèrent des cris.
Ciel, verra-t-on toujours, par de cruels esprits,
Des princes les plus doux l'oreille environnée,
Et du bonheur public la source empoisonnée?
Dans le fond de la Thrace un barbare enfanté
Est venu dans ces lieux souffler la cruauté.
Un ministre ennemi de votre propre gloire.....

AMAN.

De votre gloire! Moi! Ciel! Le pourriez-vous croire?
Moi, qui n'ai d'autre objet, ni d'autre Dieu.....

ASSUÉRUS.

Tais-toi.
Oses-tu donc parler sans l'ordre ton roi?

ESTHER.

Notre ennemi cruel devant vous se déclare.
C'est lui. C'est ce ministre infidèle et barbare,
Qui, d'un zèle trompeur à vos yeux revêtu,
Contre notre innocence arme votre vertu,

Et quel autre, grand Dieu! qu'un Scythe impitoyable,
Aurait de tant d'horreurs dicté l'ordre effroyable!
Partout l'affreux signal, en même temps donné,
De meurtres remplira l'univers étonné.
On verra, sous le nom du plus juste des princes,
Un perfide étranger désoler vos provinces;
Et dans ce palais même, en proie à son courroux,
Le sang de vos sujets regorger jusqu'à vous.
Et que reproche aux Juifs sa haine envenimée?
Quelle guerre intestine avons-nous allumée?
Les a-t-on vus marcher parmi vos ennemis?
Fut-il jamais au joug esclaves plus soumis?
Adorant dans leurs fers le Dieu qui les châtie;
Pendant que votre main sur eux appesantie
A leurs persécuteurs les livrait sans secours,
Ils conjuraient ce Dieu de veiller sur vos jours,
De rompre des méchans les trames criminelles,
De mettre votre trône à l'ombre de ses ailes.
N'en doutez point, Seigneur, il fut votre soutien.
Lui seul mit à vos pieds le Parthe et l'Indien,
Dissipa devant vous les innombrables Scythes,
Et renversa les mers dans vos vastes limites.
Lui seul aux yeux d'un Juif découvrit le dessein
De deux traîtres tout prêts à vous percer le sein.
Hélas, ce Juif jadis m'adopta pour sa fille!

ASSUÉRUS.

Mardochée?

ESTHER.

Il restait seul de notre famille.
Mon père était son frère, il descend comme moi
Du sang infortuné de notre premier roi.

Plein d'une juste horreur pour un Amalécite,
Race, que notre Dieu de sa bouche a maudite,
Il n'a, devant Aman, pu fléchir les genoux,
Ni lui rendre un honneur qu'il ne croit dû qu'à vous.
De là, contre les Juifs et contre Mardochée,
Cette haine, Seigneur, sous d'autres noms cachée.
En vain de vos bienfaits Mardochée est paré.
A la porte d'Aman est déjà préparé
D'un infâme trépas l'instrument exécrable.
Dans une heure au plus tard ce vieillard vénérable,
Des portes du palais par son ordre arraché,
Couvert de votre pourpre y doit être attaché.

ASSUÉRUS.

Quel jour mêlé d'horreur vient effrayer mon âme!
Tout mon sang de colère et de honte s'enflamme.
J'étais donc le jouet... Ciel, daigne m'éclairer!
Un moment sans témoins cherchons à respirer.
Appelez Mardochée, il faut aussi l'entendre.

(*Assuérus s'éloigne.*)

UNE ISRAÉLITE.

Vérité que j'implore, achève de descendre!

SCÈNE V.

ESTHER, AMAN, LE CHOEUR.

AMAN à *Esther*.

D'un juste étonnement je demeure frappé.
Les ennemis des Juifs m'ont trahi, m'ont trompé.
J'en atteste du Ciel la puissance suprême,
En les perdant j'ai cru vous assurer vous-même.
Princesse, en leur faveur employez mon crédit:

Le roi, vous le voyez, flotte encore interdit.
Je sais par quels ressorts on le pousse, on l'arrête;
Et fais, comme il me plaît, le calme et la tempête.
Les intérêts des Juifs déjà me sont sacrés.
Parlez. Vos ennemis, aussitôt massacrés,
Victimes de la foi que ma bouche vous jure,
De ma fatale erreur répareront l'injure.
Quel sang demandez-vous?

ESTHER.

Va, traître, laisse-moi.
Les Juifs n'attendent rien d'un méchant tel que toi.
Misérable, le Dieu vengeur de l'innocence,
Tout prêt à te juger, tient déjà sa balance.
Bientôt ton juste arrêt te sera prononcé.
Tremble. Son jour approche, et ton règne est passé.

AMAN.

Oui, ce dieu, je l'avoue, est un dieu redoutable,
Mais veut-il que l'on garde une haine implacable?
C'en est fait. Mon orgueil est forcé de plier.
L'inexorable Aman est réduit à prier.

(*Il se jette à ses pieds.*)

Par le salut des Juifs, par ces pieds que j'embrasse,
Par ce sage vieillard, l'honneur de votre race,
Daignez d'un roi terrible apaiser le courroux.
Sauvez Aman, qui tremble à vos sacrés genoux.

SCÈNE VI.

ASSUÉRUS, ESTHER, AMAN, ÉLISE, GARDES, LE CHOEUR.

ASSUÉRUS.

Quoi, le traître sur vous porte ses mains hardies !
Ah, dans ses yeux confus je lis ses perfidies !
Et son trouble, appuyant la foi de vos discours,
De tous ses attentats me rappelle le cours.
Qu'à ce monstre à l'instant l'âme soit arrachée ;
Et que devant sa porte, au lieu de Mardochée,
Apaisant par sa mort et la terre et les cieux,
De mes peuples vengés il repaisse les yeux.

(*Aman est emmené par les Gardes.*)

SCÈNE VII.

ASSUÉRUS, ESTHER, MARDOCHÉE, ÉLISE, LE CHOEUR.

ASSUÉRUS *à Mardochée.*

Mortel, chéri du Ciel, mon salut et ma joie,
Aux conseils des méchans ton roi n'est plus en proie ;
Mes yeux sont désillés, le crime est confondu.
Viens briller près de moi dans le rang qui t'est dû ;
Je te donne d'Aman les biens et la puissance.
Possède justement son injuste opulence.
Je romps le joug funeste où les Juifs sont soumis,
Je leur livre le sang de tous leurs ennemis.
A l'égal des Persans je veux qu'on les honore,

Et que tout tremble au nom du dieu qu'Esther adore.
Rebâtissez son temple, et peuplez vos cités.
Que vos heureux enfans, dans leurs solennités,
Consacrent de ce jour le triomphe et la gloire,
Et qu'à jamais mon nom vive dans leur mémoire.

SCÈNE VIII.

ASSUÉRUS, ESTHER, MARDOCHÉE, ASAPH, ÉLISE, LE CHOEUR.

ASSUÉRUS.

Que veut Asaph !

ASAPH.

Seigneur, le traître est expiré,
Par le peuple en fureur à moitié déchiré.
On traîne, on va donner en spectacle funeste,
De son corps tout sanglant le misérable reste.

MARDOCHÉE.

Roi, qu'à jamais le Ciel prenne soin de vos jours.
Le péril des Juifs presse, et veut un prompt secours.

ASSUÉRUS.

Oui, je t'entends. Allons par des ordres contraires
Révoquer d'un méchant les ordres sanguinaires.

ESTHER.

O Dieu, par quelle route inconnue aux mortels
Ta sagesse conduit ses desseins éternels !

SCENE DERNIÈRE.

LE CHOEUR.

TOUT LE CHOEUR.

Dieu fait triompher l'innocence;
Chantons, célébrons sa puissance.

UNE ISRAÉLITE.

Il a vu contre nous les méchans s'assembler,
   Et notre sang prêt à couler.
Comme l'eau sur la terre ils allaient le répandre.
  Du haut du ciel sa voix s'est fait entendre.
    L'homme superbe est renversé.
    Ses propres flèches l'ont percé.

UNE AUTRE.

J'ai vu l'impie adoré sur la terre.
Pareil au cèdre il cachait dans les cieux
    Son front audacieux.
Il semblait à son gré gouverner le tonnerre,
  Foulait aux pieds ses ennemis vaincus.
Je n'ai fait que passer, il n'était déjà plus.

UNE AUTRE.

On peut des plus grands rois surprendre la justice.
    Incapables de tromper,
   Ils ont peine à s'échapper
    Des piéges de l'artifice.
Un cœur noble ne peut soupçonner en autrui
    La bassesse et la malice,
    Qu'il ne sent point en lui.

UNE AUTRE.
Comment s'est calmé l'orage ?
UNE AUTRE.
Quelle main salutaire a chassé le nuage ?
TOUT LE CHOEUR.
L'aimable Esther a fait ce grand ouvrage.
UNE ISRAÉLITE *seule.*
De l'amour de son Dieu son cœur s'est embrasé.
 Au péril d'une mort funeste
 Son zèle ardent s'est exposé.
Elle a parlé. Le Ciel a fait le reste.
DEUX ISRAÉLITES.
Esther a triomphé des filles des Persans;
La nature et le Ciel à l'envi l'ont ornée.
L'UNE DES DEUX.
Tout ressent de ses yeux les charmes innocens.
Jamais tant de beauté fut-elle couronnée?
L'AUTRE.
Les charmes de son cœur sont encor plus puissans.
Jamais tant de vertu fut-elle couronnée?
TOUTES DEUX ENSEMBLE.
Esther a triomphé des filles des Persans;
La nature et le Ciel a l'envi l'ont ornée.
UNE ISRAÉLITE *seule.*
 Ton Dieu n'est plus irrité;
Réjouis-toi, Sion, et sors de la poussière.
Quitte les vêtemens de ta captivité,
 Et reprends ta splendeur première,
Les chemins de Sion à la fin sont ouverts.
  Rompez vos fers,
   Tribus captives.

Troupes fugitives,
Repassez les monts et les mers,
Rassemblez-vous des bouts de l'univers.

TOUT LE CHOEUR.

Rompez vos fers,
Tribus captives.
Troupes fugitives,
Repassez les monts et les mers,
Rassemblez-vous des bouts de l'univers.

UNE ISRAÉLITE *seule.*

Je reverrai ces campagnes si chères.

UNE AUTRE.

J'irai pleurer au tombeau de mes pères.

TOUT LE CHOEUR.

Repassez les monts et les mers.
Rassemblez-vous des bouts de l'univers.

UNE ISRAÉLITE *seule.*

Relevez, relevez les superbes portiques
Du temple où notre dieu se plaît d'être adoré.
Que de l'or le plus pur son autel soit paré,
Et que du sein des monts le marbre soit tiré.
Liban, dépouille-toi de tes cèdres antiques,
Prêtres sacrés préparez vos cantiques.

UNE AUTRE.

Dieu, descends, et reviens habiter parmi nous.
Terre, frémis d'allégresse et de crainte ;
Et vous, sous sa majesté sainte,
Cieux, abaissez-vous.

UNE AUTRE.

Que le Seigneur est bon ! Que son joug est aimable !
Heureux qui dès l'enfance en connaît la douceur !

Jeune peuple, courez à ce maître adorable,
Les biens les plus charmans n'ont rien de comparable
Aux torrens de plaisirs qu'il répand dans un cœur.
Que le Seigneur est bon ! Que son joug est aimable !
Heureux qui dès l'enfance en connaît la douceur !

UNE AUTRE.

Il s'appaise, il pardonne.
Du cœur ingrat qui l'abandonne
Il attend le retour.
Il excuse notre faiblesse ;
A nous chercher même il s'empresse.
Pour l'enfant qu'elle a mis au jour
Une mère a moins de tendresse.
Ah, qui peut avec lui partager notre amour !

TROIS ISRAÉLITES.

Il nous fait remporter une illustre victoire.

L'UNE DES TROIS.

Il nous a révélé sa gloire.

TOUTES TROIS ENSEMBLE.

Ah, qui peut avec lui partager notre amour !

TOUT LE CHOEUR.

Que son nom soit béni, que son nom soit chanté.
Que l'on célèbre ses ouvrages
Au delà des temps et des âges,
Au delà de l'éternité.

FIN D'ESTHER.

ATHALIE,

TRAGÉDIE.

PREFACE.

Tout le monde sait que le royaume de Juda était composé des deux tribus de Juda et de Benjamin, et que les dix autres tribus qui se révoltèrent contre Roboam composaient le royaume d'Israël. Comme les rois de Juda étaient de la maison de David, et qu'ils avaient dans leur partage la ville et le temple de Jérusalem, tout ce qu'il y avait de prêtres et de lévites se retirèrent auprès d'eux, et leur demeurèrent toujours attachés. Car depuis que le temple de Salomon fut bâti, il n'était plus permis de sacrifier ailleurs; et tous ces autres autels qu'on élevait à Dieu sur des montagnes, appelées par cette raison dans l'Écriture *les hauts lieux*, ne lui étaient point agréables. Ainsi le culte légitime ne subsistait plus que dans Juda. Les dix tribus, excepté un très-petit nombre de personnes, étaient ou idolâtres, ou schismatiques.

Au reste, ces prêtres et ces lévites faisaient

PRÉFACE.

eux-mêmes une tribu fort nombreuse. Ils furent partagés en diverses classes pour servir tour à tour dans le temple, d'un jour de Sabbat à l'autre. Les prêtres étaient de la famille d'Aaron ; et il n'y avait que ceux de cette famille, lesquels pussent exercer la sacrificature. Les lévites leur étaient subordonnés, et avaient soin, entre autres choses, du chant, de la préparation des victimes, et de la garde du temple. Ce nom de lévite ne laisse pas d'être donné quelquefois indifféremment à tous ceux de la tribu. Ceux qui étaient en semaine avaient, ainsi que le grand-prêtre, leur logement dans les portiques ou galeries dont le temple était environné, et qui faisaient partie du temple même. Tout l'édifice s'appelait en général *le lieu saint*. Mais on appelait plus particulièrement de ce nom cette partie du temple intérieur, où était le chandelier d'or, l'autel des parfums, et les tables des pains de proposition. Et cette partie était encore distinguée du saint des saints où était l'Arche, et où le grand-prêtre seul avait droit d'entrer une fois l'année. C'était une tradition assez cons-

PRÉFACE.

tante que la montagne sur laquelle le temple fut bâti, était la même montagne où Abraham avait autrefois offert en sacrifice son fils Isaac.

J'ai cru devoir expliquer ici ces particularités, afin que ceux à qui l'histoire de l'Ancien-Testament ne sera pas assez présente, n'en soient point arrêtés, en lisant cette tragédie. Elle a pour sujet Joas reconnu et mis sur le trône; et j'aurais dû, dans les règles, l'intituler *Joas*. Mais la plupart du monde n'en ayant entendu parler que sous le nom d'*Athalie*, je n'ai pas jugé à propos de la leur présenter sous un autre titre, puisque d'ailleurs Athalie y joue un personnage si considérable, et que c'est sa mort qui termine la pièce. Voici une partie des principaux événemens qui devancèrent cette grande action.

Joram, roi de Juda, fils de Josaphat, et le septième roi de la race de David, épousa Athalie, fille d'Achab et de Jézabel, qui régnaient en Israël, fameux l'un et l'autre, mais principalement Jézabel, par leurs sanglantes persécutions contre les prophètes. Athalie, non moins impie que sa mère, entraîna bientôt le roi son mari dans l'idolâtrie, et fit même construire dans Jérusalem un temple à Baal, qui était le dieu du pays de Tyr et de Sidon, où Jézabel avait pris naissance. Joram, après avoir vu périr par les mains des Arabes est des Philistins tous les princes ses enfans, à la réserve d'Okosias, mourut lui-même misérablement d'une longue maladie qui lui consuma les entrailles.

Sa mort funeste n'empêcha pas Okosias d'imiter son impiété et celle d'Athalie, sa mère. Mais ce prince, après avoir régné seulement un an, étant allé rendre visite au roi d'Israël, frère d'Athalie, fut enveloppé dans la ruine de la maison d'Achab, et tué par l'ordre de Jéhu, que Dieu avait fait sacrer par ses prophètes, pour régner sur Israël, et pour être le ministre de ses vengeances. Jéhu extermina toute la postérité d'Achab, et fit jeter par les fenêtres Jézabel, qui, selon la prédiction d'Élie, fut mangée des chiens dans la vigne de ce même Naboth, qu'elle avait fait mourir autrefois pour s'emparer de son héritage. Athalie, ayant appris à Jérusalem tous ces massacres, entreprit de son côté d'éteindre entièrement la race royale de David, en faisant mourir tous les enfans d'Okosias, ses petits-fils. Mais heureusement Josabet, sœur d'Okosias et fille de Joram, mais d'une autre mère qu'Athalie, étant arrivée lorsqu'on égorgeait les princes ses neveux, elle trouva moyen de dérober du milieu des morts le petit Joas, encore à la mamelle, et le confia avec sa nourrice au grand-prêtre son mari, qui les cacha tous deux dans le temple, où l'enfant fut élevé secrètement jusqu'au jour qu'il fut proclamé roi de Juda. L'histoire des rois dit que ce fut la septième année d'après, mais le texte grec des Paralipomènes, que Sévère Sulpice a suivi, dit que ce fut la huitième. C'est ce qui m'a autorisé à donner à ce prince neuf à dix ans, pour le mettre déjà en état de répondre aux questions qu'on lui fait.

Je crois ne lui avoir rien fait dire qui soit au-dessus de la portée d'un enfant de cet âge, qui a de l'esprit et de la mémoire. Mais quand j'aurais été un peu au delà, il faut considérer que c'est ici un enfant tout extraordinaire,

PRÉFACE.

élevé dans le temple par un grand-prêtre, qui, le regardant comme l'unique espérance de sa nation, l'avait instruit de bonne heure dans tous les devoirs de la religion et de la royauté. Il n'en était pas de même des enfans des Juifs que de la plupart des nôtres. On leur apprenait les saintes lettres, non-seulement dès qu'ils avaient atteint l'usage de la raison, mais, pour me servir de l'expression de saint Paul, dès la mamelle. Chaque Juif était obligé d'écrire une fois en sa vie de sa propre main le volume de la Loi tout entier. Les rois étaient même obligés de l'écrire deux fois; et il leur était enjoint de l'avoir continuellement devant les yeux. Je puis dire ici que la France voit en la personne d'un prince de huit ans et demi, qui fait aujourd'hui ses plus chères délices, un exemple illustre de ce que peut dans un enfant un heureux naturel aidé d'une excellente éducation; et que si j'avais donné au petit Joas la même vivacité et le même discernement qui brille dans les reparties de ce jeune prince, on m'aurait accusé avec raison d'avoir péché contre les règles de la vraisemblance.

PRÉFACE.

L'âge de Zacharie, fils du grand-prêtre, n'étant point marqué, ou peut lui supposer, si l'on veut, deux ou trois ans de plus qu'à Joas.

J'ai suivi l'explication de plusieurs commentateurs fort habiles, qui prouvent, par le texte même de l'Écriture, que tous ces soldats à qui Joïada ou Joad, comme il est appelé dans Josephe, fit prendre les armes consacrées à Dieu par David, étaient autant de prêtres et de lévites, aussi bien que les cinq centeniers qui les commandaient. En effet, disent ces interprètes, tout devait être saint dans une si sainte action, et aucun profane n'y devait être employé. Il s'y agissait, non-seulement de conserver le sceptre dans la maison de David, mais encore de conserver à ce grand roi cette suite de descendans dont devait naître le Messie. « Car ce Messie, tant de fois promis comme « fils d'Abraham, devait aussi être fils de Da- « vid, et de tous les rois de Juda. » De là vient que l'illustre et savant prélat [1] de qui j'ai em-

---

[1] M. de Meaux.

prunté ces paroles, appelle Joas *le précieux reste de la maison de David*. Josephe en parle dans les mêmes termes ; et l'Écriture dit expressément que Dieu n'extermina pas toute la famille de Joram, voulant conserver à David la lampe qu'il lui avait promise. Or cette lampe, qu'était-ce autre chose que la lumière qui devait être un jour révélée aux nations ?

L'histoire ne spécifie point le jour où Joas fut proclamé. Quelques interprètes veulent que ce fût un jour de fête. J'ai choisi celle de la Pentecôte, qui était l'une des trois grandes fêtes des Juifs. On y célébrait la mémoire de la publication de la Loi sur le mont de Sinaï, et on y offrait aussi à Dieu les premiers pains de la nouvelle moisson; ce qui faisait qu'on la nommait encore la *fête des Prémices*. J'ai songé que ces circonstances me fourniraient quelque variété pour les chants du chœur.

Ce chœur est composé de jeunes filles de la tribu de Lévi, et je mets à leur tête une fille que je donne pour sœur à Zacharie. C'est elle qui introduit le chœur chez sa mère. Elle chante avec lui, porte la parole pour lui, et fait enfin les fonctions de ce personnage des anciens chœurs qu'on appelait *le Coriphée*. J'ai aussi essayé d'imiter des anciens cette continuité d'action, qui fait que leur théâtre ne demeure jamais vide; les intervalles des actes n'étant marqués que par des hymnes et par des moralités du chœur qui ont rapport à ce qui se passe.

On me trouvera peut-être un peu hardi d'avoir osé mettre sur la scène un prophète inspiré de Dieu, et qui prédit l'avenir. Mais j'ai eu la précaution de ne mettre dans sa bouche que des expressions tirés des prophètes même. Quoique l'Écriture ne dise pas en termes exprès, que Joïada ait eu l'esprit de prophétie, comme elle le dit de son fils, elle le représente comme un homme tout plein de l'esprit de Dieu. Et d'ailleurs ne paraît-il pas par l'Évangile qu'il a pu prophétiser en qualité de souverain pontife? Je suppose donc qu'il voit en esprit le funeste changement de Joas, qui, après trente années d'un règne fort pieux, s'abandonna aux mauvais conseils des flatteurs, et se souilla du meurtre de Zacharie, fils et succes-

PRÉFACE.

seur de ce grand-prêtre. Ce meurtre, commis dans le temple, fut une des principales causes de la colère de Dieu contre les Juifs, et de tous les malheurs qui leur arrivèrent dans la suite. On prétend même que depuis ce jour-là les réréponses de Dieu cessèrent entièrement dans le sanctuaire. C'est ce qui m'a donné lieu de faire prédire tout de suite à Joad et la destruction du temple et la ruine de Jérusalem. Mais, comme les prophètes joignent d'ordinaire les consolations aux menaces, et que d'ailleurs il s'agit de mettre sur le trône un des ancêtres du Messie, j'ai pris occasion de faire entrevoir la venue de ce consolateur, après lequel tous les anciens justes soupiraient.

Cette scène, qui est une espèce d'épisode, amène très-naturellement la musique, par la coutume qu'avaient plusieurs prophètes d'entrer dans leurs saints transports au son des instrumens : témoin cette troupe de prophètes qui vinrent au-devant de Saül avec des harpes et des lyres, qu'on portait devant eux; et témoin Élisée lui-même, qui, étant consulté sur l'avenir par le roi de Juda et par le roi d'Israël, dit, comme fait ici Joad : *Adducite midi psal-terium*. Ajoutez à cela que cette prophétie sert beaucoup à augmenter le trouble dans la pièce, par la consternation et par les différens mouvemens où elle jette le chœur et les principaux acteurs.

PERSONNAGES.

JOAS, roi de Juda, fils d'Okosias.
ATHALIE, veuve de Joram, aïeule de Joas.
JOAD, autrement JOIADA, grand-prêtre.
JOSABET, tante de Joas, femme du grand-prêtre.
ZACHARIE, fils de Joad et de Josabet.
SALOMITH, sœur de Zacharie.
ABNER, l'un des principaux officiers des rois de Juda.
AZARIAS.
ISMAEL.
ET LES TROIS AUTRES CHEFS des prêtres et des lévites.
MATHAN, prêtre apostat, sacrificateur de Baal.
NABAL, confident de Mathan.
AGAR, femme de la suite d'Athalie.
TROUPE DE PRÊTRES ET DE LÉVITES.
SUITE D'ATHALIE.
LA NOURRICE de Joas.
CHOEUR de jeunes filles de la tribu de Lévi.

La scène est dans le temple de Jérusalem, dans un vestibule de l'appartement du grand-prêtre.

ATHALIE,

TRAGÉDIE.

ACTE PREMIER.

SCÈNE PREMIÈRE.

JOAD, ABNER.

ABNER.

Oui, je viens dans son temple adorer l'Éternel;
Je viens, selon l'usage antique et solennel,
Célébrer avec vous la fameuse journée,
Où sur le mont Sina la loi nous fut donnée.
Que les temps sont changés! Sitôt que de ce jour
La trompette sacrée annonçait le retour,
Du temple, orné partout de festons magnifiques,
Le peuple saint en foule inondait les portiques;
Et tous devant l'autel avec ordre introduits,
De leurs champs dans leurs mains portant les nouveaux fruits,
Au Dieu de l'univers consacraient ces prémices;
Les prêtres ne pouvaient suffire aux sacrifices.
L'audace d'une femme, arrêtant ce concours,
En des jours ténébreux a changé ces beaux jours.

D'adorateurs zélés à peine un petit nombre
Ose des premiers temps nous retracer quelque ombre:
Le reste pour son dieu montre un oubli fatal;
Ou même, s'empressant aux autels de Baal,
Se fait initier à ses honteux mystères;
Et blasphème le nom qu'ont invoqué leurs pères.
Je tremble qu'Athalie, à ne vous rien cacher,
Vous-même de l'autel vous faisant arracher,
N'achève enfin sur vous ses vengeances funestes,
Et d'un respect forcé ne dépouille les restes.

JOAD.
D'où vous vient aujourd'hui ce noir pressentiment?

ABNER.
Pensez-vous être saint et juste impunément?
Dès long-temps elle hait cette fermeté rare
Qui rehausse en Joad l'éclat de la thiare.
Dès long-temps votre amour pour la religion
Est traité de révolte et de sédition:
Du mérite éclatant cette reine jalouse,
Hait surtout Josabet, votre fidèle épouse;
Si du grand-prêtre Aaron Joad est successeur,
De notre dernier roi Josabet est la sœur.
Mathan, d'ailleurs, Mathan, ce prêtre sacrilége,
Plus méchant qu'Athalie, à toute heure l'assiége;
Mathan de nos autels infâme déserteur,
Et de toute vertu zélé persécuteur;
C'est peu que, le front ceint d'une mitre étrangère,
Ce lévite à Baal prête son ministère;
Ce temple l'importune, et son impiété
Voudrait anéantir le dieu qu'il a quitté.
Pour vous perdre il n'est point de ressorts qu'il n'invente;

Quelquefois il vous plaint, souvent même il vous vante.
Il affecte pour vous une fausse douceur;
Et par-là, de son fiel colorant la noirceur,
Tantôt à cette reine il vous peint redoutable,
Tantôt, voyant pour l'or sa soif insatiable,
Il lui feint qu'en un lieu que vous seul connaissez
Vous cachez des trésors par David amassés.
Enfin depuis deux jours la superbe Athalie
Dans un sombre chagrin paraît ensevelie.
Je l'observais hier, et je voyais ses yeux
Lancer sur le lieu saint des regards furieux,
Comme si dans le fond de ce vaste édifice
Dieu cachait un vengeur armé pour son supplice.
Croyez-moi, plus j'y pense, et moins je puis douter
Que sur vous son courroux ne soit prêt d'éclater;
Et que de Jézabel la fille sanguinaire
Ne vienne attaquer Dieu jusqu'en son sanctuaire.

JOAD.

Celui qui met un frein à la fureur des flots,
Sait aussi des méchans arrêter les complots;
Soumis avec respect à sa volonté sainte,
Je crains Dieu, cher Abner, et n'ai point d'autre crainte.
Cependant je rends grâce au zèle officieux
Qui sur tous mes périls vous fait ouvrir les yeux.
Je vois que l'injustice en secret vous irrite,
Que vous avez encor le cœur israélite:
Le Ciel en soit béni! Mais ce secret courroux,
Cette oisive vertu, vous en contentez-vous?
La foi qui n'agit point, est-ce une foi sincère?
Huit ans déjà passés, une impie étrangère
Du sceptre de David usurpe tous les droits,

Se baigne impunément dans le sang de nos rois,
Des enfans de son fils détestable homicide,
Et même contre Dieu lève son bras perfide.
Et vous, l'un des soutiens de ce tremblant état,
Vous, nourri dans les camps du saint roi Josaphat,
Qui sous son fils Joram commandiez nos armées,
Qui rassurâtes seul nos villes alarmées,
Lorsque d'Okosias le trépas imprévu
Dispersa tout son camp à l'aspect de Jéhu ;
Je crains Dieu, dites-vous, sa vérité me touche :
Voici comme ce Dieu vous répond par ma bouche :
« Du zèle de ma loi que sert de vous parer ?
« Par de stériles vœux pensez-vous m'honorer ?
« Quel fruit me revient-il de tous vos sacrifices ?
« Ai-je besoin du sang des boucs et des génisses ?
« Le sang de vos rois crie et n'est point écouté :
« Rompez, rompez tout pacte avec l'impiété !
« Du milieu de mon peuple exterminez les crimes,
« Et vous viendrez alors m'immoler vos victimes. »

ABNER.

Hé, que puis-je au milieu de ce peuple abattu ?
Benjamin est sans force et Juda sans vertu.
Le jour qui de leurs rois vit éteindre la race
Éteignit tout le feu de leur antique audace.
« Dieu même, disent-ils, s'est retiré de nous. »
De l'honneur des Hébreux autrefois si jaloux,
Il voit sans intérêt leur grandeur terrassée,
Et sa miséricorde à la fin s'est lassée.
On ne voit plus pour nous ses redoutables mains
De merveilles sans nombre effrayer les humains.
L'arche sainte est muette et ne rend plus d'oracles.

JOAD.

Et quel temps fut jamais si fertile en miracles?
Quand Dieu par plus d'effets montra-t-il son pouvoir?
Auras-tu donc toujours des yeux pour ne point voir,
Peuple ingrat? Quoi! toujours les plus grandes merveilles
Sans ébranler ton cœur frapperont tes oreilles?
Faut-il, Abner, faut-il vous rappeler le cours
Des prodiges fameux accomplis en nos jours?
Des tyrans d'Israël les célèbres disgrâces,
Et Dieu trouvé fidèle en toutes ses menaces;
L'impie Achab détruit, et de son sang trempé,
Le champ que par le meurtre il avait usurpé;
Près de ce champ fatal Jézabel immolée,
Sous les pieds des chevaux cette reine foulée;
Dans son sang inhumain les chiens désaltérés,
Et de son corps hideux les membres déchirés;
Des prophètes menteurs la troupe confondue,
Et la flamme du ciel sur l'autel descendue;
Élie aux élémens parlant en souverain,
Les cieux par lui fermés et devenus d'airain,
Et la terre trois ans sans pluie et sans rosée;
Les morts se ranimant à la voix d'Élisée:
Reconnaissez, Abner, à ces traits éclatans,
Un Dieu tel aujourd'hui qu'il fut dans tous les temps.
Il sait, quand il lui plaît, faire éclater sa gloire,
Et son peuple est toujours présent à sa mémoire.

ABNER.

Mais où sont ces honneurs à David tant promis,
Et prédits même encore à Solomon, son fils?
Hélas! nous espérions que de leur race heureuse
Devait sortir de rois une suite nombreuse;

Que sur toute tribu, sur toute nation,
L'un d'eux établirait sa domination,
Ferait cesser partout la discorde et la guerre,
Et verrait à ses pieds tous les rois de la terre.

JOAD.

Aux promesses du Ciel pourquoi renoncez-vous?

ABNER.

Ce roi, fils de David, où le chercherons-nous?
Le Ciel même peut-il réparer les ruines
De cet arbre séché jusque dans ses racines?
Athalie étouffa l'enfant même au berceau.
Les morts, après huit ans, sortent-ils du tombeau?
Ah! si dans sa fureur elle s'était trompée;
Si du sang de nos rois quelque goutte échappée...

JOAD.

Hé bien, que feriez-vous?

ABNER.

                O jour heureux pour moi!
De quelle ardeur j'irais reconnaître mon roi?
Doutez-vous qu'à ses pieds nos tribus empressées..
Mais pourquoi me flatter de ces vaines pensées?
Déplorable héritier de ces rois triomphans,
Okosias restait seul avec ses enfans.
Par les traits de Jéhu je vis percer le père;
Vous avez vu les fils massacrés par la mère.

JOAD.

Je ne m'explique point. Mais quand l'astre du jour
Aura sur l'horizon fait le tiers de son tour,
Lorsque la troisième heure aux prières rappelle,
Retrouvez-vous au temple avec ce même zèle.
Dieu pourra vous montrer, par d'importans bienfaits,

Que sa parole est stable, et ne trompe jamais.
Allez, pour ce grand jour il faut que je m'apprête,
Et du temple déjà l'aube blanchit le faîte.

ABNER.

Quel sera ce bienfait que je ne comprends pas?
L'illustre Josabet porte vers vous ses pas.
Je sors, et vais me joindre à la troupe fidèle
Qu'attire de ce jour la pompe solennelle.

SCÈNE II.

JOAD, JOSABET.

JOAD.

Les temps sont accomplis, princesse, il faut parler,
Et votre heureux larcin ne se peut plus celer:
Des ennemis de Dieu la coupable insolence,
Abusant contre lui de ce profond silence,
Accuse trop long-temps ses promesses d'erreur.
Que dis-je? le succès animant leur fureur,
Jusque sur notre autel votre injuste marâtre
Veut offrir à Baal un encens idolâtre.
Montrons ce jeune roi que vos mains ont sauvé,
Sous l'aile du Seigneur dans le temple élevé.
De nos princes hébreux il aura le courage,
Et déjà son esprit a devancé son âge.
Avant que son destin s'explique par ma voix,
Je vais l'offrir au dieu par qui règnent les rois.
Aussitôt assemblant nos lévites, nos prêtres,
Je leur déclarerai l'héritier de leurs maîtres.

JOSABET.

Sait-il déjà son nom et son noble destin?

JOAD.

Il ne répond encor qu'au nom d'Éliacin,
Et se croit quelque enfant rejeté par sa mère,
A qui j'ai par pitié daigné servir de père.

JOSABET.

Hélas, de quel péril je l'avais su tirer ?
Dans quel péril encore est-il prêt de rentrer ?

JOAD.

Quoi déjà votre foi s'affaiblit et s'étonne ?

JOSABET.

A vos sages conseils, Seigneur, je m'abandonne.
Du jour que j'arrachai cet enfant à la mort,
Je remis en vos mains tout le soin de son sort.
Même, de mon amour craignant la violence,
Autant que je le puis, j'évite sa présence,
De peur qu'en le voyant, quelque trouble indiscret
Ne fasse avec mes pleurs échapper mon secret.
Surtout j'ai cru devoir aux larmes, aux prières,
Consacrer ces trois jours et ces trois nuits entières.
Cependant aujourd'hui puis-je vous demander
Quels amis vous avez prêts à vous seconder ?
Abner, le brave Abner viendra-t-il nous défendre ?
A-t-il près de son roi fait serment de se rendre ?

JOAD.

Abner, quoiqu'on se pût assurer sur sa foi,
Ne sait pas même encor si nous avons un roi.

JOSABET.

Mais à qui de Joas confiez-vous la garde ?
Est-ce Obède, est-ce Amnon que cet honneur regarde?
De mon père sur eux les bienfaits répandus...

JOAD.

A l'injuste Athalie ils se sont tous vendus.

JOSABET.

Qui donc opposez-vous contre ses satellites?

JOAD.

Ne vous l'ai-je pas dit? nos prêtres, nos lévites.

JOSABET.

Je sais que, près de vous en secret assemblé,
Par vos soins prévoyans leur nombre est redoublé ;
Que, pleins d'amour pour vous, d'horreur pour Athalie,
Un serment solennel par avance les lie
A ce fils de David qu'on leur doit révéler.
Mais quelque noble ardeur dont ils puissent brûler,
Peuvent-ils de leur roi venger seuls la querelle?
Pour un si grand ouvrage est-ce assez de leur zèle?
Doutez-vous qu'Athalie, au premier bruit semé
Qu'un fils d'Okosias est ici renfermé,
De ses fiers étrangers assemblant les cohortes,
N'environne le temple, et n'en brise les portes?
Suffira-t-il contre eux de vos ministres saints,
Qui, levant au Seigneur leurs innocentes mains,
Ne savent que gémir et prier pour nos crimes,
Et n'ont jamais versé que le sang des victimes?
Peut-être dans leurs bras Joas percé de coups...

JOAD.

Et comptez-vous pour rien Dieu qui combat pour nous?
Dieu, qui de l'orphelin protège l'innocence,
Et fait dans la faiblesse éclater sa puissance ;
Dieu, qui hait les tyrans, et qui, dans Jezraël,
Jura d'exterminer Achab et Jézabel ;
Dieu, qui, frappant Joram, le mari de leur fille,

A jusque sur son fils poursuivi leur famille;
Dieu, dont le bras vengeur, pour un temps suspendu,
Sur cette race impie est toujours étendu.

JOSABET.

Et c'est sur tous ces rois sa justice sévère
Que je crains pour le fils de mon malheureux frère.
Qui sait si cet enfant par leur crime entraîné
Avec eux, en naissant, ne fut pas condamné?
Si Dieu, le séparant d'une odieuse race,
En faveur de David voudra lui faire grâce?
Hélas, l'état horrible où le Ciel me l'offrit
Revient à tout moment effrayer mon esprit!
De princes égorgés la chambre était remplie.
Un poignard à la main, l'implacable Athalie,
Au carnage animait ses barbares soldats,
Et poursuivait le cours de ses assassinats.
Joas, laissé pour mort, frappa soudain ma vue:
Je me figure encor sa nourrice éperdue,
Qui, devant les bourreaux s'était jetée en vain,
Et faible le tenait renversé sur son sein.
Je le pris tout sanglant; et, baignant son visage,
Mes pleurs du sentiment lui rendirent l'usage;
Et, soit frayeur encore, ou pour me caresser,
De ses bras innocens je me sentis presser.
Grand Dieu, que mon amour ne lui soit point funeste!
Du fidèle David c'est le précieux reste.
Nourri dans ta maison en l'amour de ta loi,
Il ne connaît encor d'autre père que toi.
Sur le point d'attaquer une reine homicide,
A l'aspect du péril si ma foi s'intimide,
Si la chair et le sang se troublant aujourd'hui,

Ont trop de part aux pleurs que je répands pour lui,
Conserve l'héritier de tes saintes promesses,
Et ne punis que moi de toutes mes faiblesses.

JOAD.

Vos larmes, Josabet, n'ont rien de criminel.
Mais Dieu veut qu'on espère en son soin paternel.
Il ne recherche point, aveugle en sa colère,
Sur le fils qui le craint l'impiété du père.
Tout ce qui reste encor de fidèles Hébreux
Lui viendront aujourd'hui renouveler leurs vœux.
Autant que de David la race est respectée,
Autant de Jézabel la fille est détestée.
Joas les touchera par sa noble pudeur,
Où semble de son sang reluire la splendeur;
Et Dieu, par sa voix même appuyant notre exemple,
De plus près à leur cœur parlera dans son temple.
Deux infidèles rois tour à tour l'ont bravé;
Il faut que sur le trône un roi soit élevé,
Qui se souvienne un jour qu'au rang de ses ancêtres
Dieu l'a fait remonter par la main de ses prêtres,
L'a tiré par leur main de l'oubli du tombeau,
Et de David éteint rallumé le flambeau.
Grand Dieu, si tu prévois, qu'indigne de sa race,
Il doive de David abandonner la trace;
Qu'il soit comme le fruit en naissant arraché,
Ou qu'un souffle ennemi dans sa fleur a séché.
Mais si ce même enfant, à tes ordres docile,
Doit être à tes desseins un instrument utile,
Fais qu'au juste héritier le sceptre soit remis.
Livre en mes faibles mains ses puissans ennemis.
Confonds dans ses conseils une reine cruelle.

Daigne, daigne, mon Dieu, sur Mathan et sur elle,
Répandre cet esprit d'imprudence et d'erreur,
De la chute des rois funeste avant-coureur.
L'heure me presse. Adieu. Des plus saintes familles
Votre fils et sa sœur vous amènent les filles.

SCÈNE III.

JOSABET, ZACHARIE, SALOMITH, LE CHOEUR.

JOSABET.

Cher Zacharie, allez, ne vous arrêtez pas.
De votre auguste père accompagnez les pas.
O filles de Lévi, troupe jeune et fidèle,
Que déjà le Seigneur embrase de son zèle,
Qui venez si souvent partager mes soupirs,
Enfans, ma seule joie en mes longs déplaisirs ;
Ces festons dans vos mains, et ces fleurs sur vos têtes,
Autrefois convenaient à nos pompeuses fêtes.
Mais, hélas ! en ce temps d'opprobre et de douleurs,
Quelle offrande sied mieux que celle de nos pleurs !
J'entends déjà, j'entends la trompette sacrée,
Et du temple bientôt on permettra l'entrée.
Tandis que je me vais préparer à marcher.
Chantez, louez le dieu que vous venez chercher.

SCÈNE IV.

LE CHOEUR.

TOUT LE CHOEUR *chante.*

Tout l'univers est plein de sa magnificence,
Qu'on l'adore ce dieu, qu'on l'invoque à jamais.
Son empire a des temps précédé la naissance.
    Chantons, publions ses bienfaits.

UNE VOIX *seule.*

    En vain l'injuste violence
Au peuple qui le loue imposerait silence :
    Son nom ne périra jamais.
Le jour annonce au jour sa gloire et sa puissance.
Tout l'univers est plein de sa magnificence.
    Chantons, publions ses bienfaits.

TOUT LE CHOEUR *répète.*

Tout l'univers est plein de sa magnificence.
    Chantons, publions ses bienfaits.

UNE VOIX *seule.*

    Il donne aux fleurs leur aimable peinture.
    Il fait naître et mûrir les fruits.
    Il leur dispense avec mesure
Et la chaleur des jours et la fraîcheur des nuits.
Le champ qui les reçut les rend avec usure.

UNE AUTRE.

Il commande au soleil d'animer la nature,
    Et la lumière est un don de ses mains.
    Mais sa loi sainte, sa loi pure
Est le plus riche don qu'il ait fait aux humains.

UNE AUTRE.

O mont de Sinaï, conserve la mémoire
De ce jour à jamais auguste et renommé,
 Quand, sur ton sommet enflammé,
Dans un nuage épais le Seigneur enfermé
Fit luire aux yeux mortels un rayon de sa gloire :
Dis-nous, pourquoi ces feux et ces éclairs,
Ces torrens de fumée, et ce bruit dans les airs,
 Ces trompettes et ce tonnerre?
Venait-il renverser l'ordre des élémens?
 Sur ces antiques fondemens
 Venait-il ébranler la terre?

UNE AUTRE.

Il venait révéler aux enfans des Hébreux
De ses préceptes saints la lumière immortelle.
 Il venait à ce peuple heureux
Ordonner de l'aimer d'une amour éternelle.

TOUT LE CHOEUR.

 O divine, ô charmante loi !
 O justice ! O bonté suprême,
Que de raisons, quelle douceur extrême,
D'engager à ce dieu son amour et sa foi !

UNE VOIX *seule*.

D'un joug cruel il sauva nos aïeux ;
Les nourrit au désert d'un pain délicieux.
Il nous donne ses lois, il se donne lui-même.
Pour tant de bien il commande qu'on l'aime.

LE CHOEUR.

O justice ! O bonté suprême !

LA MÊME VOIX.

Des mers pour eux il entr'ouvrit les eaux ;

D'un aride rocher fit sortir des ruisseaux.
Il nous donne ses lois, il se donne lui-même.
　Pour tant de biens il commande qu'on l'aime.

　　　　LE CHOEUR.
　　O divine, ô charmante loi!
　Que de raisons, quelle douceur extrême,
D'engager à ce dieu son amour et sa foi.

　　　　UNE AUTRE VOIX *seule*.
Vous qui ne connaissez qu'une crainte servile,
Ingrats, un dieu si bon ne peut-il vous charmer?
Est-il donc à vos cœurs, est-il si difficile
　　Et si pénible de l'aimer?
　L'esclave craint le tyran qui l'outrage;
　Mais des enfans l'amour est le partage.
Vous voulez que ce dieu vous comble de bienfaits,
　　Et ne l'aimer jamais.

　　　　TOUT LE CHOEUR.
　　O divine, ô charmante loi!
　Que de raisons, quelle douceur extrême,
D'engager à ce dieu son amour et sa foi!

　　　　FIN DU PREMIER ACTE.

ACTE II.

SCÈNE PREMIÈRE.

JOSABET, SALOMITH, LE CHOEUR.

JOSABET.

Mes filles, c'est assez, suspendez vos cantiques.
Il est temps de nous joindre aux prières publiques.
Voici notre heure. Allons célébrer ce grand jour,
Et devant le Seigneur paraître à notre tour.

SCÈNE II.

ZACHARIE, JOSABET, SALOMITH, LE CHOEUR.

JOSABET.

Mais que vois-je, mon fils, quel sujet vous ramène ?
Où courez-vous ainsi tout pâle et hors d'haleine ?

ZACHARIE.

O ma mère !

JOSABET.

Hé bien, quoi ?

ZACHARIE.

Le temple est profané.

JOSABET.

Comment ?

ZACHARIE.
Et du Seigneur l'autel abandonné.
JOSABET.
Je tremble. Hâtez-vous d'éclaircir votre mère.
ZACHARIE.
Déjà, selon la loi, le grand-prêtre mon père,
Après avoir, au dieu qui nourrit les humains,
De la moisson nouvelle offert les premiers pains,
Lui présentait encore entre ses mains sanglantes
Des victimes de paix les entrailles fumantes.
De bout à ses côtés le jeune Éliacin,
Comme moi le servait en long habit de lin ;
Et cependant du sang de la chair immolée
Les prêtres arrosaient l'autel et l'assemblée.
Un bruit confus s'élève, et du peuple surpris
Détourne tout à coup les yeux et les esprits.
Une femme.... Peut-on la nommer sans blasphème?
Une femme.... C'était Athalie elle-même.
JOSABET.
Ciel!
ZACHARIE.
Dans un des parvis aux hommes réservé
Cette femme superbe entre, le front levé,
Et se préparait même à passer les limites
De l'enceinte sacrée ouverte aux seuls lévites.
Le peuple s'épouvante, et fuit de toutes parts.
Mon père... Ah, quel courroux animait ses regards!
Moïse à Pharaon parut moins formidable.
« Reine, sors, a-t-il dit, de ce lieu redoutable,
« D'où te bannit ton sexe et ton impiété.

« Viens-tu du Dieu vivant braver la majesté? »
La reine, alors sur lui jetant un œil farouche,
Pour blasphémer sans doute ouvrait déjà la bouche.
J'ignore si de Dieu l'ange, se dévoilant,
Est venu lui montrer un glaive étincelant ;
Mais sa langue en sa bouche à l'instant s'est glacée,
Et toute son audace a paru terrassée.
Ses yeux comme effrayés n'osaient se détourner.
Surtout Éliacin paraissait l'étonner.

JOSABET.

Quoi donc? Éliacin a paru devant elle?

ZACHARIE.

Nous regardions tous deux cette reine cruelle,
Et d'une égale horreur nos cœurs étaient frappés.
Mais les prêtres bientôt nous ont enveloppés.
On nous a fait sortir. J'ignore tout le reste,
Et venais vous conter ce désordre funeste.

JOSABET.

Ah! de nos bras sans doute elle vient l'arracher,
Et c'est lui qu'à l'autel sa fureur vient chercher.
Peut-être en ce moment l'objet de tant de larmes....
Souviens-toi de David, Dieu, qui vois mes alarmes.

SALOMITH.

Quel est-il cet objet des pleurs que vous versez?

ZACHARIE.

Les jours d'Éliacin seraient-ils menacés?

SALOMITH.

Aurait-il de la reine attiré la colère?

ZACHARIE.

Que craint-on d'un enfant sans support et sans père?

JOSABET.

Ah, la voici! Sortons. Il la faut éviter.

SCÈNE III.

ATHALIE, AGAR, ABNER, SUITE D'ATHALIE.

AGAR.

Madame, dans ces lieux pourquoi vous arrêter?
Ici tous les objets vous blessent, vous irritent.
Abandonnez ce temple aux prêtres qui l'habitent.
Fuyez tout ce tumulte, et dans votre palais,
A vos sens agités venez rendre la paix.

ATHALIE.

Non, je ne puis; tu vois mon trouble et ma faiblesse.
Va, fais dire à Mathan qu'il vienne, et qu'il se presse.
Heureuse, si je puis trouver par son secours
Cette paix que je cherche, et qui me fuit toujours!

(*Elle s'assied.*)

SCÈNE IV.

ATHALIE, ABNER, SUITE D'ATHALIE.

ABNER.

Madame, pardonnez si j'ose le défendre.
Le zèle de Joad n'a point dû vous surprendre.
Du dieu que nous servons tel est l'ordre éternel,
Lui-même il nous traça son temple et son autel,
Aux seuls enfans d'Aaron commit des sacrifices,
Aux lévites marqua leur place et leurs offices,

Et surtout défendit à la postérité
Avec tout autre dieu toute société.
Hé quoi? vous, de nos rois et la femme et la mère,
Êtes vous à ce point parmi nous étrangère?
Ignorez-vous nos lois? Et faut-il qu'aujourd'hui?...
Voici votre Mathan, je vous laisse avec lui.

ATHALIE.

Votre présence, Abner, est ici nécessaire.
Laissons-là de Joad l'audace téméraire,
Et tout ce vain amas de superstitions
Qui ferment votre temple aux autres nations.
Un sujet plus pressant excite mes alarmes.
Je sais que, dès l'enfance élevé dans les armes,
Abner a le cœur noble, et qu'il rend à la fois
Ce qu'il doit à son dieu, ce qu'il doit à ses rois.
Demeurez.

SCÈNE V.

MATHAN, ATHALIE, ABNER,
SUITE D'ATHALIE.

MATHAN.

Grande reine, est-ce ici votre place?
Quel trouble vous agite, et quel effroi vous glace?
Parmi vos ennemis que venez-vous chercher?
De ce temple profane osez-vous approcher?
Avez-vous dépouillé cette haine si vive?...

ATHALIE.

Prêtez-moi l'un et l'autre une oreille attentive.
Je ne veux point ici rappeler le passé,
Ni vous rendre raison du sang que j'ai versé.

TRAGÉDIE. 187

Ce que j'ai fait, Abner, j'ai cru le devoir faire.
Je ne prends point pour juge un peuple téméraire.
Quoi que son insolence ait osé publier,
Le Ciel même a pris soin de me justifier.
Sur d'éclatans succès ma puissance établie
A fait jusqu'aux deux mers respecter Athalie.
Par moi Jérusalem goûte un calme profond.
Le Jourdain ne voit plus l'Arabe vagabond
Ni l'altier Philistin, par d'éternels ravages,
Comme au temps de nos rois, désoler ses rivages.
Le Scyrien me traite et de reine et de sœur.
Enfin de ma maison le perfide oppresseur,
Qui devait jusqu'à moi pousser sa barbarie,
Jéhu, le fier Jéhu tremble dans Samarie;
De toutes parts pressé par un puissant voisin,
Que j'ai su soulever contre cet assassin,
Il me laisse en ces lieux souveraine maîtresse.
Je jouissais en paix du fruit de ma sagesse.
Mais un trouble importun vient depuis quelques jours
De mes prospérités interrompre le cours.
Un songe (me devrais-je inquiéter d'un songe?)
Entretient dans mon cœur un chagrin qui le ronge.
Je l'évite partout, partout il me poursuit.
C'était pendant l'horreur d'une profonde nuit.
Ma mère Jézabel devant moi s'est montrée,
Comme au jour de sa mort pompeusement parée.
Ses malheurs n'avaient point abattu sa fierté,
Même elle avait encor cet éclat emprunté
Dont elle eut soin de peindre et d'orner son visage,
Pour réparer des ans l'irréparable outrage.
« Tremble, m'a-t-elle dit, fille digne de moi.

« Le cruel dieu des Juifs l'emporte aussi sur toi.
« Je te plains de tomber dans ses mains redoutables,
« Ma fille. » En achevant ces mots épouvantables,
Son ombre vers mon lit a paru se baisser;
Et moi, je lui tendais les mains pour l'embrasser.
Mais je n'ai plus trouvé qu'un horrible mélange
D'os et de chair meurtris, et traînés dans la fange,
Des lambeaux pleins de sang et des membres affreux,
Que des chiens dévorans se disputaient entre eux.

ABNER.

Grand dieu!

ATHALIE.

Dans ce désordre à mes yeux se présente
Un jeune enfant couvert d'une robe éclatante,
Tels qu'on voit des Hébreux les prêtres revêtus.
Sa vue a ranimé mes esprits abattus;
Mais, lorsque revenant de mon trouble funeste,
J'admirais sa douceur, son air noble et modeste,
J'ai senti tout à coup un homicide acier,
Que le traître en mon sein a plongé tout entier.
De tant d'objets divers le bizarre assemblage
Peut-être du hasard vous paraît un ouvrage.
Moi-même, quelque temps honteuse de ma peur,
Je l'ai pris pour l'effet d'une sombre vapeur.
Mais de ce souvenir mon âme possédée
A deux fois, en dormant, revu la même idée.
Deux fois mes tristes yeux se sont vu retracer
Ce même enfant toujours tout prêt à me percer.
Lasse enfin des horreurs dont j'étais poursuivie,
J'allais prier Baal de veiller sur ma vie,
Et chercher du repos au pied de ses autels.

Que ne peut la frayeur sur l'esprit des mortels !
Dans le temple des Juifs un instinct m'a poussée,
Et d'apaiser leur dieu j'ai conçu la pensée.
J'ai cru que des présens calmeraient son courroux ;
Que ce dieu, quel qu'il soit, en deviendrait plus doux.
Pontife de Baal, excusez ma faiblesse.
J'entre. Le peuple fuit. Le sacrifice cesse.
Le grand-prêtre vers moi s'avance avec fureur.
Pendant qu'il me parlait, ô surprise ! ô terreur !
J'ai vu ce même enfant dont je suis menacée,
Tel qu'un songe effrayant l'a peint à ma pensée.
Je l'ai vu. Son même air, son même habit de lin,
Sa démarche, ses yeux, et tous ses traits enfin.
C'est lui-même. Il marchait à côté du grand-prêtre ;
Mais bientôt à ma vue on l'a fait disparaître.
Voilà quel trouble ici m'oblige à m'arrêter,
Et sur quoi j'ai voulu tous deux vous consulter.
Que présage, Mathan, ce prodige incroyable ?

MATHAN.

Ce songe et ce rapport, tout me semble effroyable.

ATHALIE.

Mais cet enfant fatal, Abner, vous l'avez vu.
Quel est-il ? De quel sang ? Et de quelle tribu ?

ABNER.

Deux enfans à l'autel prêtaient leur ministère.
L'un est fils de Joab, Josabet est sa mère.
L'autre m'est inconnu.

MATHAN.

Pourquoi délibérer ?
De tous les deux, Madame, il se faut assurer.
Vous savez pour Joab mes égards, mes mesures ;

Que je ne cherche point à venger mes injures ;
Que la seule équité règne en tous mes avis.
Mais lui-même, après tout, fût-ce son propre fils,
Voudrait-il un moment laisser vivre un coupable ?

ABNER.

De quel crime un enfant peut-il être capable ?

MATHAN.

Le Ciel nous le fait voir un poignard à la main.
Le Ciel est juste et sage, et ne fait rien en vain.
Que cherchez-vous de plus ?

ABNER.

Mais, sur la foi d'un songe,
Dans le sang d'un enfant voulez-vous qu'on se plonge ?
Vous ne savez encor de quel père il est né,
Quel il est.

MATHAN.

On le craint, tout est examiné.
A d'illustres parens s'il doit son origine,
La splendeur de son sort doit hâter sa ruine.
Dans le vulgaire obscur si le sort l'a placé,
Qu'importe qu'au hasard un sang vil soit versé ?
Est-ce aux rois à garder cette lente justice ?
Leur sûreté souvent dépend d'un prompt supplice.
N'allons point les gêner d'un soin embarrassant.
Dès qu'on leur est suspect, on n'est plus innocent.

ABNER.

Hé quoi, Mathan ! d'un prêtre est-ce là le langage ?
Moi, nourri dans la guerre aux horreurs du carnage,
Des vengeances des rois ministre rigoureux,
C'est moi qui prête ici ma voix aux malheureux ?
Et vous, qui leur devez des entrailles de père,

Vous, ministre de paix dans les temps de colère,
Couvrant d'un zèle faux votre ressentiment,
Le sang à votre gré coule trop lentement ?
Vous m'avez commandé de vous parler sans feinte,
Madame. Quel est donc ce grand sujet de crainte ?
Un songe, un faible enfant, que votre œil prévenu
Peut-être sans raison croit avoir reconnu.

ATHALIE.

Je le veux croire, Abner, je puis m'être trompée.
Peut-être un songe vain m'a trop préoccupée.
Hé bien, il faut revoir cet enfant de plus près;
Il en faut à loisir examiner les traits.
Qu'on les fasse tous deux paraître en ma présence.

ABNER.

Je crains...

ATHALIE.

Manquerait-on pour moi de complaisance ?
De ce refus bizarre où seraient les raisons ?
Il pourrait me jeter en d'étranges soupçons.
Que Josabet, vous dis-je, ou Joab les amène.
Je puis, quand je voudrai, parler en souveraine.
Vos prêtres, je veux bien, Abner, vous l'avouer,
Des bontés d'Athalie ont lieu de se louer.
Je sais sur ma conduite et contre ma puissance
Jusqu'où de leurs discours ils portent la licence.
Ils vivent cependant, et leur temple est debout.
Mais je sens que bientôt ma douceur est à bout.
Que Joad mette un frein à son zèle sauvage,
Et ne m'irrite point par un second outrage.
Allez.

SCÈNE VI.

ATHALIE, MATHAN, SUITE D'ATHALIE.

MATHAN.

Enfin, je puis parler en liberté.
Je puis dans tout son jour mettre la vérité.
Quelque monstre naissant dans ce temple s'élève,
Reine. N'attendez pas que le nuage crève.
Abner chez le grand-prêtre a devancé le jour.
Pour le sang de ses rois vous savez son amour.
Et qui sait si Joad ne veut point en leur place
Substituer l'enfant dont le Ciel vous menace,
Soit son fils, soit quelque autre...

ATHALIE.

Oui, vous m'ouvrez les yeux.
Je commence à voir clair dans cet avis des Cieux.
Mais je veux de mon doute être débarrassée.
Un enfant est peu propre à trahir sa pensée.
Souvent d'un grand dessein un mot nous fait juger.
Laissez-moi, cher Mathan, le voir, l'interroger.
Vous cependant, allez ; et, sans jeter d'alarmes,
A tous mes Tyriens faites prendre les armes.

SCÈNE VII.

JOAS, JOSABET, ATHALIE, ZACHARIE, ABNER, SALOMITH, DEUX LÉVITES, LE CHOEUR, SUITE D'ATHALIE.

JOSABET, *aux deux lévites.*

O vous, sur ces enfans si chers, si précieux,
Ministres du Seigneur, ayez toujours les yeux.

ABNER, *à Josabet.*

Princesse, assurez-vous, je les prends sous ma garde.

ATHALIE.

O Ciel, plus j'examine, et plus je le regarde!
C'est lui! D'horreur encor tous mes sens sont saisis!
(*montrant Joas*)
Épouse de Joad, est-ce là votre fils,

JOSABET.

Qui? Lui, Madame?

ATHALIE.

Lui.

JOSABET.

Je ne suis point sa mère.
(*montrant Zacharie.*)
Voilà mon fils.

ATHALIE, *à Joas.*

Et vous, quel est donc votre père?
Jeune enfant, répondez.

JOSABET.

Le Ciel jusqu'aujourd'hui...

ATHALIE, *à Josabet.*

Pourquoi vous pressez-vous de répondre pour lui?
C'est à lui de parler.

JOSABET.

Dans un âge si tendre,
Quel éclaircissement en pouvez-vous attendre?

ATHALIE.

Cet âge est innocent. Son ingénuité
N'altère point encor la simple vérité.
Laissez-le s'expliquer sur tout ce qui le touche.

JOSABET *bas, à part.*

Daigne mettre, grand Dieu, ta sagesse en sa bouche!

ATHALIE.

Comment vous nommez-vous?

JOAS.

J'ai nom Éliacin.

ATHALIE.

Votre père.

JOAS.

Je suis, dit-on, un orphelin,
Entre les bras de Dieu jeté dès ma naissance,
Et qui de mes parens n'eut jamais connaissance.

ATHALIE.

Vous êtes sans parens?

JOAS.

Ils m'ont abandonné.

ATHALIE.

Comment? Et depuis quand?

JOAS.

Depuis que je suis né.

ATHALIE.
Ne sait-on pas au moins quel pays est le vôtre?
JOAS.
Ce temple est mon pays, je n'en connais point d'autre.
ATHALIE.
Où dit-on que le sort vous a fait rencontrer?
JOAS.
Parmi des loups cruels prêts à me dévorer.
ATHALIE.
Qui vous mit dans ce temple?
JOAS.
      Une femme inconnue,
Qui ne dit point son nom et qu'on n'a point revue.
ATHALIE.
Mais de vos premiers ans quelles mains ont pris soin.
JOAS.
Dieu laissa-t-il jamais ses enfans au besoin?
Aux petits des oiseaux il donne leur pâture,
Et sa bonté s'étend sur toute la nature.
Tous les jours je l'invoque, et d'un soin paternel
Il me nourrit des dons offerts sur son autel.
ATHALIE.
Quel prodige nouveau me trouble et m'embarrasse!
La douceur de sa voix, son enfance, sa grâce,
Font insensiblement à mon inimitié
Succéder.... Je serais sensible à la pitié!
ABNER.
Madame, voilà donc cet ennemi terrible?
De vos songes menteurs l'imposture est visible,
A moins que la pitié qui semble vous troubler,
Ne soit ce coup fatal qui vous faisait trembler.

ATHALIE, *à Joas et à Josabet.*

Vous sortez?

JOSABET.

Vous avez entendu sa fortune.
Sa présence à la fin pourrait être importune.

ATHALIE.

Non, revenez. Quel est tous les jours votre emploi?

JOAS.

J'adore le Seigneur, on m'explique sa loi.
Dans son livre divin on m'apprend à la lire,
Et déjà de ma main je commence à l'écrire.

ATHALIE.

Que vous dit cette loi?

JOAS.

Que Dieu veut être aimé;
Qu'il venge tôt ou tard son saint nom blasphémé;
Qu'il est le défenseur de l'orphelin timide;
Qu'il résiste au superbe, et punit l'homicide.

ATHALIE.

J'entends. Mais tout ce peuple, enfermé dans ce lieu,
A quoi s'occupe-t-il?

JOAS.

Il loue, il bénit Dieu.

ATHALIE.

Dieu veut-il qu'à toute heure on prie, on le contemple?

JOAS.

Tout profane exercice est banni de son temple.

ATHALIE.

Quels sont donc vos plaisirs?

JOAS.

Quelquefois à l'autel

Je présente au grand-prêtre ou l'encens ou le sel.
J'entends chanter de Dieu les grandeurs infinies.
Je vois l'ordre pompeux de ses cérémonies.

ATHALIE.

Hé quoi, vous n'avez point de passe-temps plus doux ?
Je plains le triste sort d'un enfant tel que vous.
Venez dans mon palais, vous y verrez ma gloire.

JOAS.

Moi, des bienfaits de Dieu je perdrais la mémoire !

ATHALIE.

Non, je ne vous veux pas contraindre à l'oublier.

JOAS.

Vous ne le priez point.

ATHALIE.

Vous pourrez le prier.

JOAS.

Je verrais cependant en invoquer un autre ?

ATHALIE.

J'ai mon dieu que je sers. Vous servirez le vôtre.
Ce sont deux puissans dieux.

JOAS.

Il faut craindre le mien ;
Lui seul est dieu, Madame, et le vôtre n'est rien.

ATHALIE.

Les plaisirs près de moi vous chercheront en foule.

JOAS.

Le bonheur des méchans comme un torrent s'écoule.

ATHALIE.

Ces méchans, qui sont-ils ?

ATHALIE,

JOSABET.

Hé, Madame, excusez
Un enfant...

ATHALIE, à Josabet.

J'aime à voir comme vous l'instruisez.
Enfin, Éliacin, vous avez su me plaire ;
Vous n'êtes point sans doute un enfant ordinaire.
Vous voyez, je suis reine, et n'ai point d'héritier,
Laissez là cet habit, quittez ce vil métier,
Je veux vous faire part de toutes mes richesses ;
Essayez dès ce jour l'effet de mes promesses.
A ma table, partout, à mes côtés assis,
Je prétends vous traiter comme mon propre fils.

JOAS.

Comme votre fils ?

ATHALIE.

Oui. Vous vous taisez ?

JOAS.

Quel père
Je quitterais ! Et pour...

ATHALIE.

Hé bien ?

JOAS.

Pour quelle mère !

ATHALIE, à Josabet

Sa mémoire est fidèle ; et, dans tout ce qu'il dit,
De vous et de Joad je reconnais l'esprit.
Voilà comme, infectant cette simple jeunesse,
Vous employez tous deux le calme où je vous laisse.

Vous cultivez déjà leur haine et leur fureur.
Vous ne leur pononcez mon nom qu'avec horreur.

JOSABET.

Peut-on de nos malheurs leur dérober l'histoire ?
Tout l'univers les sait. Vous même en faites gloire.

ATHALIE.

Oui, ma juste fureur, et j'en fais vanité,
A vengé mes parens sur ma postérité.
J'aurais vu massacrer et mon père, et mon frère,
Du haut de son palais précipiter ma mère,
Et dans un même jour égorger à la fois
(Quel spectacle d'horreur!) quatre-vingts fils de rois?
Et pourquoi? Pour venger je ne sais quels prophètes,
Dont elle avait puni les fureurs indiscrètes.
Et moi, reine sans cœur, fille sans amitié,
Esclave d'une lâche et frivole pitié,
Je n'aurais pas du moins à cette aveugle rage
Rendu meurtre pour meurtre, outrage pour outrage,
Et de votre David traité tous les neveux
Comme on traitait d'Achab les restes malheureux?
Où serais-je aujourd'hui, si, domptant ma faiblesse,
Je n'eusse d'une mère étouffé la tendresse;
Si de mon propre sang ma main versant des flots,
N'eut par ce coup hardi réprimé vos complots?
Enfin de votre dieu l'implacable vengeance
Entre nos deux maisons rompit toute alliance.
David m'est en horreur; et les fils de ce roi,
Quoique nés dans mon sang, sont étrangers pour moi.

JOSABET.

Tout vous a réussi. Que Dieu voie et nous juge.

ATHALIE.

Ce dieu depuis long-temps votre unique refuge,
Que deviendra l'effet de ses prédictions?
Qu'il vous donne ce roi promis aux nations,
Cet enfant de David, votre espoir, votre attente...
Mais nous nous reverrons. Adieu, je sors contente.
J'ai voulu voir, j'ai vu.

ABNER, à Josabet

Je vous l'avais promis :
Je vous rends le dépôt que vous m'avez commis.

SCÈNE VIII.

JOAD, JOSABET, JOAS, ZACHARIE, ABNER, SALOMITH, LÉVITES, LE CHOEUR.

JOSABET, à Joad.

Avez-vous entendu cette superbe reine,
Seigneur?

JOAD.

J'entendais tout, et plaignais votre peine.
Ces lévites et moi prêts à vous secourir,
Nous étions avec vous résolus de périr.

(à Joas en l'embrassant.)

Que Dieu veille sur vous, enfant, dont le courage
Vient de rendre à son nom ce noble témoignage.
Je reconnais, Abner, ce service important.
Souvenez-vous de l'heure où Joad vous attend.
Et nous, dont cette femme impie et meurtrière
A souillé les regards et troublé la prière,
Rentrons, et qu'un sang pur par mes mains épanché
Lave jusques au marbre où ses pas ont touché.

SCÈNE IX.

LE CHOEUR.

UNE DES FILLES DU CHOEUR.
Quel astre à nos yeux vient de luire ?
Quel sera quelque jour cet enfant merveilleux ?
Il brave le faste orgueilleux,
Et ne se laisse point séduire
A tous ses attraits périlleux.

UNE AUTRE.
Pendant que du dieu d'Athalie
Chacun court encenser l'autel,
Un enfant courageux publie
Que Dieu lui seul est éternel,
Et parle comme un autre Élie
Devant cette autre Jézabel.

UNE AUTRE.
Qui nous révélera ta naissance secrète,
Cher enfant ? Es-tu fils de quelque saint prophète ?

UNE AUTRE.
Ainsi l'on vit l'aimable Samuel
Croître à l'ombre du tabernacle.
Il devint des Hébreux l'espérance et l'oracle.
Puisses-tu comme lui consoler Israël !

UNE AUTRE *chante.*
O bienheureux mille fois
L'enfant que le Seigneur aime,
Qui de bonne heure entend sa voix,
Et que ce Dieu daigne instruire lui-même !

Loin du monde élevé, de tous les dons des Cieux
    Il est orné dès sa naissance ;
  Et du méchant l'abord contagieux
    N'altère point son innocence.

TOUT LE CHOEUR.

  Heureuse, heureuse l'enfance
Que le Seigneur instruit et prend sous sa défense !

LA MÊME VOIX *seule*.

    Tel en un secret vallon
    Sur le bord d'une onde pure,
    Croit à l'abri de l'aquilon,
Un jeune lis, l'amour de la nature.
Loin du monde élevé, de tous les dons des Cieux
    Il est orné dès sa naissance,
  Et du méchant l'abord contagieux
    N'altère point son innocence.

TOUT LE CHOEUR.

    Heureux, heureux, mille fois
L'enfant que le Seigneur rend docile à ses lois !

UNE VOIX *seule*.

  Mon Dieu, qu'une vertu naissante
Parmi tant de périls marche à pas incertains !
Qu'une âme qui te cherche et veut être innocente
    Trouve d'obstacle à ses desseins !
    Que d'ennemis lui font la guerre !
    Où se peuvent cacher tes saints ?
    Les pécheurs couvrent la terre.

UNE AUTRE.

O palais de David et sa chère cité !
Mont fameux que Dieu même a long-temps habité,
Comment as-tu du Ciel attiré la colère ?

Sion, chère Sion, que dis-tu quand tu vois
Une impie étrangère
Assise, hélas, au trône de tes rois !
TOUT LE CHOEUR.
Sion, chère Sion, que dis-tu quand tu vois
Une impie étrangère
Assise, hélas, au trône de tes rois !
LA MÊME VOIX *continue.*
Au lieu des cantiques charmans
Où David t'exprimait ses saints ravissemens,
Et bénissait son dieu, son seigeur et son père;
Sion, chère Sion, que dis-tu quand tu vois
Louer le dieu de l'impie étrangère,
Et blasphémer le nom qu'ont adoré tes rois ?
UNE VOIX *seule.*
Combien de temps, Seigneur, combien de temps encore
Verrons-nous contre toi les méchans s'élever ?
Jusque dans ton saint temple ils viennent te braver.
Ils traitent d'insensé le peuple qui t'adore.
Combien de temps, Seigneur, combien de temps encore
Verrons-nous contre toi les méchans s'élever ?
UNE AUTRE.
Que vous sert, disent-ils, cette vertu sauvage ?
De tant de plaisirs si doux
Pourquoi fuyez-vous l'usage ?
Votre dieu ne fait rien pour vous.
UNE AUTRE.
Rions, chantons, dit cette troupe impie,
De fleurs en fleurs, de plaisirs en plaisirs
Promenons nos désirs.
Sur l'avenir insensé qui se fie.

De nos ans passagers le nombre est incertain.
Hâtons-nous aujourd'hui de jouir de la vie,
 Qui sait si nous serons demain ?
   TOUT LE CHOEUR.
Qu'ils pleurent, ô mon Dieu, qu'ils frémissent de crainte
 Ces malheureux, qui de ta cité sainte
 Ne verront point l'éternelle splendeur.
C'est à nous de chanter, nous à qui tu révèles
  Tes clartés immortelles,
C'est à nous de chanter tes dons et ta grandeur.
   UNE VOIX *seule*.
De tous ces vains plaisirs où leur âme se plonge,
Que leur restera-t-il ? Ce qui reste d'un songe
  Dont on a reconnu l'erreur.
 A leur réveil (ô réveil plein d'horreur !)
  Pendant que le pauvre à ta table
Goûtera de ta paix la douceur ineffable ;
Ils boiront dans la coupe affreuse, inépuisable,
Que tu présenteras au jour de ta fureur
  A toute la race coupable.
   TOUT LE CHOEUR.
  O réveil plein d'horreur !
  O songe peu durable !
  O dangereuse erreur !

FIN DU SECOND ACTE.

ACTE III.

SCÈNE PREMIÈRE.

MATHAN, NABAL, LE CHOEUR.

MATHAN.

Jeunes filles, allez: Qu'on dise à Josabet
Que Mathan veut ici lui parler en secret.
UNE DES FILLES DU CHOEUR.
Mathan! Ô Dieu du Ciel, puisse-tu le confondre!
NABAL.
Hé quoi, tout se disperse et fuit sans vous répondre?
MATHAN.
Approchons.

SCÈNE II.

ZACHARIE, MATHAN, NABAL.

ZACHARIE.

Téméraire, où voulez-vous passer?
Au delà de ce lieu gardez-vous d'avancer,
C'est des ministres saints la demeure sacrée.
Les lois à tout profane en défendent l'entrée.
Qui cherchez-vous? Mon père, en ce jour solennel,
De l'idolâtre impur fui l'aspect criminel;
Et devant le Seigneur maintenant prosternée,

Ma mère en ce devoir craint d'être détournée.
MATHAN.
Mon fils, nous attendrons, cessez de vous troubler;
C'est votre illustre mère à qui je veux parler :
Je viens ici chargé d'un ordre de la reine.

SCÈNE III.

MATHAN, NABAL.

NABAL.
Leurs enfans ont déjà leur audace hautaine.
Mais que veut Athalie en cette occasion ?
D'où naît dans ses conseils cette confusion ?
Par l'insolent Joad ce matin offensée,
Et d'un enfant fatal en songe menacée,
Elle allait immoler Joad à son courroux,
Et dans ce temple enfin placer Baal et vous.
Vous m'en aviez déjà confié votre joie,
Et j'espérais ma part d'une si riche proie.
Qui fait changer ainsi ses vœux irrésolus ?
MATHAN.
Ami, depuis deux jours je ne la connais plus.
Ce n'est plus cette reine éclairée, intrépide,
Élevée au-dessus de son sexe timide,
Qui d'abord accablait ses ennemis surpris,
Et d'un instant perdu connaissait tout le prix.
La peur d'un vain remords trouble cette grande âme;
Elle flotte, elle hésite, en un mot, elle est femme.....
J'avais tantôt rempli d'amertume et de fiel
Son cœur déjà saisi des menaces du Ciel.

Elle-même à mes soins confiant sa vengeance,
M'avait dit d'assembler sa garde en diligence.
Mais, soit que cet enfant devant elle amené,
De ses parens, dit-on, rebut infortuné,
Eût d'un songe effrayant diminué l'alarme,
Soit qu'elle eût même en lui vu je ne sais quel charme,
J'ai trouvé son courroux chancelant, incertain,
Et déjà remettant sa vengeance à demain.
Tous ses projets semblaient l'un l'autre se détruire.
Du sort de cet enfant je me suis fait instruire,
Ai-je dit. On commence à vanter ses aïeux.
Joad de temps en temps le montre aux factieux,
Le fait attendre aux Juifs comme un autre Moïse,
Et d'oracles menteurs s'appuie et s'autorise.
Ces mots ont fait monter la rougeur sur son front.
Jamais mensonge heureux n'eut un effet si prompt.
Est-ce à moi de languir dans cette incertitude ?
Sortons, a-t-elle dit, sortons d'inquiétude :
Vous-même à Josabet prononcez cet arrêt ;
Les feux vont s'allumer, et le fer est tout prêt.
Rien ne peut de leur temple empêcher le ravage,
Si je n'ai de leur foi cet enfant pour otage.
Hé bien, pour un enfant qu'ils ne connaissent pas,
Que le hasard peut-être a jeté dans leurs bras,
Voudront-ils que leur temple enseveli sous l'herbe...

MATHAN.

Ah, de tous les mortels connais le plus superbe !
Plutôt que dans mes mains par Joad soit livré
Un enfant qu'à son dieu Joad a consacré,
Tu lui verras subir la mort la plus terrible.
D'ailleurs pour cet enfant leur attache est visible.

Si j'ai bien de la reine entendu le récit,
Joad sur sa naissance en sait plus qu'il ne dit.
Quel qu'il soit, je prévois qu'il leur sera funeste.
Ils le refuseront : je prends sur moi le reste.
Et j'espère qu'enfin de ce temple odieux
Et la flamme et le fer vont délivrer mes yeux.

NABAL.

Qui peut vous inspirer une haine si forte?
Est-ce que de Baal le zèle vous transporte?
Pour moi, vous le savez, descendu d'Ismaël,
Je ne sers ni Baal ni le dieu d'Israël.

MATHAN.

Ami, peux-tu penser que d'un zèle frivole
Je me laisse aveugler pour une vaine idole,
Pour un fragile bois que, malgré mon secours,
Les vers sur son autel consument tous les jours?
Né ministre du dieu qu'en ce temple on adore,
Peut-être que Mathan le servirait encore,
Si l'amour des grandeurs, la soif de commander,
Avec son joug étroit pouvaient s'accommoder.
Qu'est-il besoin, Nabal, qu'à tes yeux je rappelle
De Joad et de moi la fameuse querelle,
Quand j'osai contre lui disputer l'encensoir;
Mes brigues, mes combats, mes pleurs, mon désespoir?
Vaincu par lui, j'entrai dans une autre carrière,
Et mon âme à la cour s'attacha tout entière.
J'approchai par degrés de l'oreille des rois,
Et bientôt en oracle on érigea ma voix.
J'étudiai leur cœur, je flattai leurs caprices,
Je leur semai de fleurs le bord des précipices.
Près de leurs passions rien ne me fut sacré;

De mesure et de poids je changeais à leur gré.
Autant que de Joad l'inflexible rudesse
De leur superbe oreille offensait la mollesse,
Autant je les charmais par ma dextérité ;
Dérobant à leurs yeux la triste vérité,
Prêtant à leurs fureurs des couleurs favorables,
Et prodigue surtout du sang des misérables.
Enfin au dieu nouveau qu'elle avait introduit
Par les mains d'Athalie un temple fut construit :
Jérusalem pleura de se voir profanée.
Des enfans de Lévi la troupe consternée
En poussa vers le ciel des hurlemens affreux.
Moi seul, donnant l'exemple aux timides Hébreux,
Déserteur de leur loi, j'approuvai l'entreprise,
Et par-là de Baal méritai la prêtrise.
Par-là je me rendis terrible à mon rival,
Je ceignis la thiare, et marchai son égal.
Toutefois, je l'avoue, en ce comble de gloire,
Du dieu que j'ai quitté l'importune mémoire
Jette encore en mon âme un reste de terreur.
Et c'est ce qui redouble et nourrit ma fureur.
Heureux, si sur son temple, achevant ma vengeance,
Je puis convaincre enfin sa haine d'impuissance ;
Et parmi les débris, le ravage, et les morts,
A force d'attentats perdre tous mes remords !
Mais voici Josabet.

SCÈNE IV.

JOSABET, MATHAN, NABAL.

MATHAN.

Envoyé par la reine,
Pour rétablir le calme et dissiper la haine;
Princesse, en qui le Ciel mit un esprit si doux,
Ne vous étonnez pas si je m'adresse à vous.
Un bruit, que j'ai pourtant soupçonné de mensonge,
Appuyant les avis qu'elle a reçus en songe,
Sur Joab accusé de dangereux complots
Allait de sa colère attirer tous les flots.
Je ne veux point ici vous vanter mes services.
De Joab contre moi je sais les injustices,
Mais il faut à l'offense opposer les bienfaits.
Enfin je viens chargé de paroles de paix.
Vivez, solemnisez vos fêtes sans ombrage.
De votre obéissance elle ne veut qu'un gage.
C'est (pour l'en détourner j'ai fait ce que j'ai pu)
Cet enfant sans parens, qu'elle dit qu'elle a vu.

JOSABET.

Éliacin !

MATHAN.

J'en ai pour elle quelque honte.
D'un vain songe peut-être elle fait trop de compte;
Mais vous vous déclarez ses mortels ennemis,
Si cet enfant sur l'heure en mes mains n'est remis.
La reine impatiente attend votre réponse.

JOSABET.

Et voilà de sa part la paix qu'on nous annonce !

MATHAN.

Pourriez-vous un moment douter de l'accepter!
D'un peu de complaisance est-ce trop l'acheter?

JOSABET.

J'admirais si Mathan, dépouillant l'artifice,
Avait pu de son cœur surmonter l'injustice,
Et si de tant de maux le funeste inventeur
De quelque ombre de bien pouvait être l'auteur.

MATHAN.

De quoi vous plaignez-vous? Vient-on avec furie
Arracher de vos bras votre fils Zacharie?
Quel est cet autre enfant si cher à votre amour?
Ce grand attachement me surprend à mon tour.
Est-ce un trésor pour vous si précieux, si rare?
Est-ce un libérateur que le Ciel vous prépare?
Songez-y. Vos refus pourraient me confirmer
Un bruit sourd, que déjà l'on commence à semer.

JOSABET.

Quel bruit?

MATHAN.

Que cet enfant vient d'illustre origine;
Qu'à quelque grand projet votre époux le destine.

JOSABET.

Et Mathan, par ce bruit qui flatte sa fureur...

MATHAN.

Princesse, c'est à vous à me tirer d'erreur.
Je sais que, du mensonge implacable ennemie,
Josabet livrerait même sa propre vie,
S'il fallait que sa vie à sa sincérité
Coûtât le moindre mot contre la vérité.
Du sort de cet enfant on n'a donc nulle trace?

Une profonde nuit enveloppe sa race?
Et vous-même ignorez de quels parens issu,
De quelles mains Joad en ses bras l'a reçu.
Parlez, je vous écoute, et suis prêt de vous croire.
Au dieu que vous servez, princesse, rendez gloire.

JOSABET.

Méchant, c'est bien à vous d'oser ainsi nommer
Un dieu que votre bouche enseigne à blasphémer!
Sa vérité par vous peut-elle être attestée?
Vous, malheureux, assis dans la chaire empestée,
Où le mensonge règne et répand son poison;
Vous nourri dans la fourbe et dans la trahison?

SCÈNE V.

JOAD, JOSABET, MATHAN, NABAL.

JOAD.

Où suis-je? De Baal ne vois-je pas le prêtre,
Quoi, fille de David, vous parlez à ce traître?
Vous souffrez qu'il vous parle, et vous ne craignez pas
Que du fond de l'abîme entr'ouvert sous ses pas,
Il ne sorte à l'instant des feux qui vous embrasent,
Ou qu'en tombant sur lui ces murs ne vous écrasent?
Que veut-il? De quel front cet ennemi de Dieu
Vient-il infecter l'air qu'on respire en ce lieu?

MATHAN.

On reconnaît Joad à cette violence.
Toutefois il devrait garder plus de prudence,
Respecter une reine, et ne pas outrager
Celui que de son ordre elle a daigné changer.

JOAD.

Hé bien, que nous fait-elle annoncer de sinistre?
Quel sera l'ordre affeux qu'apporte un tel ministre?

MATHAN.

J'ai fait à Josabet savoir sa volonté.

JOAD.

Sors donc de devant moi, monstre d'impiété.
De toutes tes horreurs, va, comble la mesure.
Dieu s'apprête à te joindre à la race parjure,
Abiron, et Dathan, Doeg, Achitophel.
Les chiens, à qui son bras a livré Jézabel,
Attendant que sur toi sa fureur se déploie,
Déjà sont à ta porte, et demandent leur proie.

MATHAN *troublé.*

Avant la fin du jour... on verra qui de nous...
Doit... Mais sortons, Nabal.

NABAL.

Où vous égarez-vous?
De vos sens étonnés quel désordre s'empare?
Voilà votre chemin.

SCÈNE VI.

JOAD, JOSABET.

JOSABET.

L'orage se déclare.
Athalie en fureur demande Éliacin.
Déjà de sa naissance et de votre dessein
On commence, Seigneur, à percer le mystère.

Peu s'en faut que Mathan ne m'ait nommé son père.
JOAD.
Au perfide Mathan qui l'aurait révélé ?
Votre trouble à Mathan n'a-t-il point trop parlé ?
JOSABET.
J'ai fait ce que j'ai pu pour m'en rendre maîtresse.
Cependant croyez-moi, Seigneur, le péril presse.
Réservons cet enfant pour un temps plus heureux.
Tandis que les méchans délibèrent entre eux,
Avant qu'on l'environne, avant qu'on nous l'arrache,
Une seconde fois souffrez que je le cache.
Les portes, les chemins lui sont encore ouverts.
Faut-il le transporter aux plus affreux déserts ?
Je suis prête. Je sais une secrète issue,
Par où, sans qu'on le voie, et sans être aperçue,
De Cédron avec lui traversant le torrent,
J'irai dans le désert où jadis, en pleurant,
Et cherchant comme nous son salut dans la fuite,
David d'un fils rebelle évita la poursuite.
Je craindrai moins pour lui les lions et les ours...
Mais pourquoi de Jéhu refuser le secours ?
Je vous ouvre peut-être un avis salutaire.
Faisons de ce trésor Jéhu dépositaire.
On peut dans ses états le conduire aujourd'hui,
Et le chemin est court qui mène jusqu'à lui.
Jéhu n'a point un cœur farouche, inexorable;
De David à ses yeux le nom est favorable.
Hélas, est-il un roi si dur et si cruel,
A moins qu'il n'eût pour mère une autre Jésabel,
Qui d'un tel suppliant ne plaignît l'infortune !

Sa cause à tous les rois n'est-elle pas commune?
JOAD.
Quels timides conseils m'osez-vous suggérer?
En l'appui de Jéhu pourriez-vous espérer?
JOSABET.
Dieu défend-il tout soin et toute prévoyance?
Ne l'offense-t-on point par trop de confiance?
A ses desseins sacrés employant les humains,
N'a-t-il pas de Jéhu lui-même armé les mains?
JOAD.
Jéhu, qu'avait choisi sa sagesse profonde,
Jéhu, sur qui je vois que votre espoir se fonde,
D'un oubli trop ingrat a payé ses bienfaits.
Jéhu laisse d'Achab l'affreuse fille en paix;
Suit des rois d'Israël les profanes exemples;
Du vil dieu de l'Égypte a conservé les temples.
Jéhu, sur les hauts lieux enfin osant offrir
Un téméraire encens que Dieu ne peut souffrir,
N'a, pour servir sa cause et venger ses injures,
Ni le cœur assez droit, ni les mains assez pures;
Non, non, c'est à Dieu seul qu'il faut nous attacher.
Montrons Éliacin; et, loin de le cacher,
Que du bandeau royal sa tête soit ornée.
Je veux même avancer l'heure déterminée,
Avant que de Mathan le complot soit formé.

SCÈNE VII.

JOAD, JOSABET, AZARIAS, SUIVI DU CHOEUR
ET DE PLUSIEURS LÉVITES.

JOAD.

Hé bien, Azarias, le temple est-il fermé?

AZARIAS.

J'en ai fait devant moi fermer toutes les portes.

JOAD.

N'y reste-t-il que vous et vos saintes cohortes?

AZARIAS.

De ses parvis sacrés j'ai deux fois fait le tour.
Tout a fui. Tous se sont séparés sans retour,
Misérable troupeau qu'a dispersé la crainte;
Et Dieu n'est plus servi que dans la tribu sainte.
Depuis qu'à Pharaon ce peuple est échappé,
Une égale terreur ne l'avait point frappé.

JOAD.

Peuple lâche en effet, et né pour l'esclavage,
Hardi contre Dieu seul! Poursuivons notre ouvrage.
Mais qui retient encor ces enfans parmi nous?

UNE DES FILLES DU CHOEUR.

Hé, pourrions-nous, Seigneur, nous séparer de vous?
Dans le temple de Dieu sommes-nous étrangères?
Vous avez près de vous nos pères et nos frères.

UNE AUTRE.

Hélas, si pour venger l'opprobre d'Israël,
Nos mains ne peuvent pas comme autrefois Jahel [1],

---

[1] Juges, chap. 4.

Des ennemis de Dieu percer la tête impie,
Nous lui pouvons du moins immoler notre vie.
Quand nos bras combattront pour son temple attaqué,
Par nos larmes du moins il peut être invoqué.

JOAD.

Voilà donc quels vengeurs s'arment pour ta querelle ?
Des prêtres, des enfans, ô sagesse éternelle !
Mais si tu les soutiens, qui peut les ébranler ?
Du tombeau, quand tu veux, tu sais nous rappeler.
Tu frappes et guéris, tu perds et ressuscites.
Ils ne s'assurent point en leurs propres mérites,
Mais en ton nom sur eux invoqué tant de fois,
En tes sermens jurés au plus saint de leurs rois,
En ce temple où tu fais ta demeure sacrée,
Et qui doit du soleil égaler la durée.
Mais d'où vient que mon cœur frémit d'un saint effroi ?
Est-ce l'esprit divin qui s'empare de moi ?
C'est lui-même. Il m'échauffe. Il parle. Mes yeux s'ouvrent,
Et les siècles obscurs devant moi se découvrent.
Lévites, de vos sons prêtez-moi les accords,
Et de ses mouvemens secondez les transports.

LE CHOEUR *chante au son de toute la symphonie des instrumens.*

Que du Seigneur la voix se fasse entendre,
Et qu'à nos cœurs son oracle divin
Soit ce qu'à l'herbe tendre
Est au printemps la fraîcheur du matin.

JOAD.

Cieux, écoutez ma voix. Terre, prête l'oreille.

Ne dis plus, ô Jacob, que ton Seigneur sommeille.
Pécheurs, disparaissez, le Seigneur se réveille.

(Ici recommence la symphonie, et Joad aussitôt reprend la parole.)

Comment en un plomb vil [1] l'or pur s'est-il changé?
Quel est dans le saint lieu [2] ce pontife égorgé?
Pleure, Jérusalem, pleure cité perfide,
Des prophètes divins malheureuse homicide.
De son amour pour toi ton dieu s'est dépouillé.
Ton encens à ses yeux est un encens souillé.
Où menez-vous [3] ces enfans et ces femmes?
Le Seigneur a détruit la reine des cités.
Ses prêtres sont captifs; ses rois sont rejetés.
Dieu ne veut plus qu'on vienne à ses solennités.
Temple, renverse-toi. Cèdres, jetez des flammes.
Jérusalem, objet de ma douleur,
Quelle main en un jour t'a ravi tous tes charmes?
Qui changera mes yeux en deux sources de larmes,
Pour pleurer ton malheur?

AZARIAS

O saint temple!

JOSABET.

O David!

LE CHOEUR.

Dieu de Sion, rappelle,
Rappelle en sa faveur tes antiques bontés.

[1] Joas.
[2] Zacharie.
[3] Captivité de Babylone.

(La symphonie recommence encore, et Joad un
moment après l'interrompt.)

JOAD.

Quelle Jérusalem nouvelle
Sort du fond des déserts brillante de clartés,
Et porte sur le front une marque immortelle?
Peuples de la terre, chantez.
Jérusalem [1] renaît plus charmante et plus belle.
D'où lui viennent de tous côtés
Ces enfans [2] qu'en son sein elle n'a point portés!
Lève, Jérusalem, lève ta tête altière.
Regarde tous ces rois de ta gloire étonnés.
Les rois des nations, devant toi prosternés,
De tes pieds baisent la poussière.
Les peuples à l'envi marchent à ta lumière.
Heureux qui, pour Sion, d'une sainte ferveur
Sentira son âme embrasée!
Cieux, répandez votre rosée,
Et que la terre enfante son sauveur!

JOSABET.

Hélas, d'où nous viendra cette insigne faveur,
Si les rois de qui doit descendre ce sauveur!....

JOAD.

Préparez, Josabet, le riche diadème
Que sur son front sacré David porta lui-même.
(*aux lévites.*)
Et vous, pour vous armer, suivez-moi dans ces lieux

[1] L'Église.
[2] Les Gentils.

Où se garde caché, loin des profanes yeux,
Ce formidable amas de lances et d'épées,
Qui du sang philistin jadis furent trempées,
Et que David vainqueur, d'ans et d'honneurs chargé,
Fit consacer au dieu qui l'avait protégé.
Peut-on les employer pour un plus noble usage ?
Venez, je veux moi-même en faire le partage.

SCÈNE VIII.

SALOMITH, LE CHOEUR.

SALOMITH.

Que de crainte, mes sœurs, que de troubles mortels !
    Dieu tout-puissant, sont-ce là les prémices,
      Les parfums et les sacrifices,
Qu'on devait en ce jour offrir sur tes autels ?

UNE DES FILLES DU CHOEUR.

    Quel spectacle à nos yeux timides ?
    Qui l'eût cru qu'on dût voir jamais
Les glaives meurtriers, les lances homicides,
    Briller dans la maison de paix ?

UNE AUTRE.

D'où vient que, pour son dieu pleine d'indifférence,
Jérusalem se tait en ce pressant danger ?
  D'où vient, mes sœurs, que, pour nous protéger,
Le brave Abner au moins ne rompt pas le silence ?

SALOMITH.

Hélas, dans une cour, où l'on n'a d'autres lois
    Que la force et la violence,
    Où les honneurs et les emplois
Sont le prix d'une aveugle et basse obéissance ;

Ma sœur, pour la triste innocence,
Qui voudrait élever sa voix?
UNE AUTRE.
Dans ce péril, dans ce désordre extrême,
Pour qui prépare-t-on le sacré diadème?
SALOMITH.
Le Seigneur a daigné parler.
Mais ce qu'à son prophète il vient de révéler,
Qui pourra nous le faire entendre?
S'arme-t-il pour nous défendre?
S'arme-t-il pour nous accabler?
TOUT LE CHOEUR *chante.*
O promesse! O menace! O ténébreux mystère!
Que de maux, que de biens sont prédits tour à tour!
Comment peut-on avec tant de colère
Accorder tant d'amour?
UNE VOIX *seule.*
Sion ne sera plus. Une flamme cruelle
Détruira tous ces ornemens.
UNE AUTRE VOIX.
Dieu protége Sion. Elle a pour fondemens
Sa parole éternelle.
LA PREMIÈRE.
Je vois tout son éclat disparaître à mes yeux.
LA SECONDE.
Je vois de toutes parts sa clarté répandue.
LA PREMIÈRE.
Dans un gouffre profond Sion est descendue.
LA SECONDE.
Sion a son front dans les cieux.

LA PREMIÈRE.

Quel triste abaissement!

LA SECONDE.

Quelle immortelle gloire!

LA PREMIÈRE.

Que de cris de douleur!

LA SECONDE.

Que de chants de victoire!

UNE TROISIÈME.

Cessons de nous troubler. Notre Dieu quelque jour
Dévoilera ce grand mystère.

TOUTES TROIS ENSEMBLE.

Révérons sa colère,
Espérons en son amour.

UNE AUTRE.

D'un cœur qui t'aime,
Mon Dieu, qui peut troubler la paix?
Il cherche en tout ta volonté suprême,
Et ne se cherche jamais.
Sur la terre, dans le Ciel même,
Est-il d'autre bonheur que la tranquille paix
D'un cœur qui t'aime?

FIN DU TROISIÈME ACTE.

ACTE IV.

SCÈNE PREMIÈRE.

JOAS, JOSABET, ZACHARIE, SALOMITH,
UN LÉVITE, LE CHOEUR.

SALOMITH.

D'un pas majestueux, à côté de ma mère,
Le jeune Éliacin s'avance avec mon frère.
Dans ces voiles, mes sœurs, que portent-ils tous deux ?
Quel est ce glaive enfin qui marche devant eux ?

JOSABET, à Zacharie.

Mon fils, avec respect, posez sur cette table,
De notre sainte loi le livre redoutable.
Et vous aussi posez, aimable Éliacin,
Cet auguste bandeau près du livre divin.
Lévite, il faut placer, Joad ainsi l'ordonne,
Le glaive de David auprès de sa couronne.

JOAS.

Princesse, quel est donc ce spectacle nouveau ?
Pourquoi ce livre saint, ce glaive, ce bandeau ?
Depuis que le Seigneur m'a reçu dans son temple,
D'un semblable appareil je n'ai point vu d'exemple.

JOSABET.

Tous vos doutes, mon fils, bientôt s'éclairciront.

ATHALIE,

JOAS.

Vous voulez essayer ce bandeau sur mon front?
Ah, princesse, gardez d'en profaner la gloire!
Du roi qui l'a porté respectez la mémoire.
Un malheureux enfant aux ours abandonné.....

JOSABET, *lui essayant le diadème.*

Laissez, mon fils, je fais ce qui m'est ordonné.

JOAS.

Mais j'entends les sanglots sortir de votre bouche!
Princesse, vous pleurez, quelle pitié vous touche?
Est-ce qu'en holocauste aujourd'hui présenté,
Je dois, comme autrefois la fille de Jephté,
Du Seigneur, par ma mort, apaiser la colère?
Hélas, un fils n'a rien qui ne soit à son père!

JOSABET.

Voici qui vous dira les volontés des Cieux
Ne craignez rien. Et nous, sortons tous de ces lieux.

SCÈNE II.

JOAD, JOAS.

JOAS, *courant dans les bras du grand-prêtre.*

Mon père!

JOAD.

Hé bien mon fils?

JOAS.

Qu'est-ce donc qu'on prépare?

JOAD.

Il est juste, mon fils, que je vous le déclare.
Il faut que vous soyez instruit, même avant tous,

Des grands desseins de Dieu sur son peuple et sur vous.
Armez-vous d'un courage et d'une foi nouvelle.
Il est temps de montrer cette ardeur et ce zèle
Qu'au fond de votre cœur mes soins ont cultivés,
Et de payer à Dieu ce que vous lui devez.
Sentez-vous cette noble et généreuse envie?

JOAS.

Je me sens prêt, s'il veut, de lui donner ma vie.

JOAD.

On vous a lu souvent l'histoire de nos rois.
Vous souvient-il, mon fils, quelles étroites lois
Doit s'imposer un roi digne du diadème?

JOAS.

Un roi sage, ainsi Dieu [1] l'a prononcé lui-même,
Sur la richesse et l'or ne met point son appui,
Craint le Seigneur son Dieu; sans cesse a devant lui
Ses préceptes, ses lois, ses jugemens sévères,
Et d'injustes fardeaux n'accable point ses frères.

JOAD.

Mais sur l'un de ces rois, s'il fallait vous régler,
A qui choisiriez-vous, mon fils, de ressembler?

JOAS.

David, pour le Seigneur plein d'un amour fidèle,
Me paraît des grands rois le plus parfait modèle.

JOAD.

Ainsi dans leurs excès vous n'imiteriez pas
L'infidèle Joram, l'impie Okosias.

JOAS.

O mon père!

---

[1] Deut. chap. 17.

ATHALIE,

JOAD.
Achevez, dites, que vous en semble?
JOAS.
Puisse périr comme eux quiconque leur ressemble.
(*Joad se prosterne à ses pieds.*)
Mon père en quel état vous vois-je devant moi?
JOAD.
Je vous rends le respect que je dois à mon roi.
De votre aïeul David, Joas, rendez-vous digne.
JOAS
Joas? Moi?
JOAD, *se relevant*
Vous saurez par quelle grâce insigne,
D'une mère en fureur Dieu trompant le dessein,
Quand déjà son poignard était dans votre sein,
Vous choisit, vous sauva du milieu du carnage.
Vous n'êtes pas encore échappé de sa rage.
Avec la même ardeur qu'elle voulut jadis
Perdre en vous le dernier des enfans de son fils,
A vous faire périr sa cruauté s'attache,
Et vous poursuit encor sous le nom qui vous cache.
Mais sous vos étendards j'ai déjà su ranger
Un peuple obéissant et prompt à vous venger.
Entrez, généreux chefs des familles sacrées,
Du ministère saint tour à tour honorées.

SCÈNE III.

JOAS, JOAD, AZARIAS, ISMAEL, TROIS AUTRES CHEFS DES LÉVITES.

JOAD.

Roi, voilà vos vengeurs contre vos ennemis.
Prêtres, voilà le roi que je vous ai promis.

AZARIAS.

Quoi, c'est Éliacin?

ISMAEL.

Quoi, cet enfant aimable?....

JOAD.

Est des rois de Juda l'héritier véritable,
Dernier né des enfans du triste Okosias,
Nourri, vous le savez, sous le nom de Joas.
De cette fleur si tendre et sitôt moissonnée,
Tout Juda, comme vous, plaignant la destinée,
Avec ses frères morts le crut enveloppé.
Du perfide couteau comme eux il fut frappé.
Mais Dieu du coup mortel sut détourner l'atteinte,
Conserva dans son cœur la chaleur presque éteinte,
Permit que, des bourreaux trompant l'œil vigilant,
Josabet dans son sein l'emportât tout sanglant,
Et n'ayant de son vol que moi seul pour complice,
Dans le temple cachât l'enfant et la nourrice.

JOAS.

Hélas, de tant d'amour et de tant de bienfaits,
Mon père, quel moyen de m'acquitter jamais!
Gardez pour d'autres temps cette reconnaissance.

JOAD.

Voilà donc votre roi, votre unique espérance.
J'ai pris soin jusqu'ici de vous le conserver,
Ministres du Seigneur, c'est à vous d'achever.
Bientôt de Jézabel la fille meurtrière,
Instruite que Joas voit encor la lumière,
Dans l'horreur du tombeau viendra le replonger.
Déjà, sans le connaître, elle veut l'égorger.
Prêtres saints, c'est à vous de prévenir sa rage.
Il faut finir des Juifs le honteux esclavage,
Venger nos princes morts, relever notre loi,
Et faire aux deux tribus reconnaître leur roi.
L'entreprise, sans doute, est grande et périlleuse.
J'attaque sur son trône une reine orgueilleuse,
Qui voit sous ses drapeaux marcher un camp nombreux
De hardis étrangers, d'infidèles Hébreux.
Mais ma force est au dieu dont l'intérêt me guide.
Songez qu'en cet enfant tout Israël réside.
Déjà ce dieu vengeur commence à la troubler.
Déjà, trompant ses soins, j'ai su vous rassembler.
Elle nous croit ici sans armes, sans défense.
Couronnons, proclamons Joas en diligence.
De là, du nouveau prince intrépides soldats,
Marchons, en invoquant l'arbitre des combats;
Et, réveillant la foi dans les cœurs endormie,
Jusque dans son palais cherchons notre ennemie.
Et quels cœurs si plongés dans un lâche sommeil,
Nous voyant avancer dans ce saint appareil,
Ne s'empresseront pas à suivre notre exemple!
Un roi que Dieu lui-même a nourri dans son temple!

Le successeur d'Aaron de ses prêtres suivi,
Conduisant au combat les enfans de Lévi,
Et, dans ces mêmes mains des peuples révérées,
Les armes au Seigneur par David consacrées !
Dieu sur ses ennemis répandra sa terreur,
Dans l'infidèle sang baignez-vous sans horreur.
Frappez et Tyriens, et même Israélites.
Ne descendez-vous pas de ces fameux lévites
Qui, lorsqu'au dieu du Nil le volage Israël
Rendit dans le désert un culte criminel,
De leurs plus chers parens saintement homicides,
Consacrèrent leurs mains dans le sang des perfides,
Et par ce noble exploit vous acquirent l'honneur
D'être seuls employés aux autels du Seigneur ?
Mais je vois que déjà vous brûlez de me suivre.
Jurez donc avant tout sur cet auguste livre,
A ce roi que le Ciel vous redonne aujourd'hui,
De vivre, de combattre, et de mourir pour lui.

AZARIAS *au bout de la table, ayant la main sur le livre saint.*

Oui, nous jurons ici pour nous, pour tous nos frères,
De rétablir Joas au trône de ses pères,
De ne poser le fer entre nos mains remis,
Qu'après l'avoir vengé de tous ses ennemis.
Si quelque transgresseur enfreint cette promesse,
Qu'il éprouve, grand Dieu, ta fureur vengeresse;
Qu'avec lui ses enfans, de ton partage exclus,
Soient au rang de ces morts, que tu ne connais plus.

JOAD.

Et vous, à cette loi, votre règle éternelle,
Roi, ne jurez-vous pas d'être toujours fidèle ?

JOAS.

Pourrais-je à cette loi ne me pas conformer?
JOAD.
O mon fils, de ce nom j'ose encor vous nommer,
Souffrez cette tendresse, et pardonnez aux larmes
Que m'arrachent pour vous de trop justes alarmes.
Loin du trône nourri, de ce fatal honneur,
Hélas! vous ignorez le charme empoisonneur.
De l'absolu pouvoir vous ignorez l'ivresse,
Et des lâches flatteurs la voix enchanteresse.
Bientôt ils vous diront que les plus saintes lois,
Maîtresses du vil peuple, obéissent aux rois;
Qu'un roi n'a d'autre frein que sa volonté même;
Qu'il doit immoler tout à sa grandeur suprême;
Qu'aux larmes, au travail le peuple est condamné,
Et d'un sceptre de fer veut être gouverné;
Que s'il n'est opprimé, tôt ou tard il opprime.
Ainsi de piége en piége, et d'abîme en abîme,
Corrompant de vos mœurs l'aimable pureté,
Ils vous feront enfin haïr la vérité;
Vous peindront la vertu sous une affreuse image.
Hélas, ils ont des rois égaré le plus sage!
Promettez sur ce livre et devant ces témoins,
Que Dieu sera toujours le premier de vos soins,
Que sévère aux méchans, et des bons le refuge,
Entre le pauvre et vous, vous prendrez Dieu pour juge,
Vous souvenant, mon fils, que caché sous le lin,
Comme eux vous fûtes pauvre, et comme eux orphelin.
JOAS *au milieu de la table, ayant la main sur le livre saint.*
Je promets d'observer ce que la loi m'ordonne.

Mon Dieu, punissez-moi, si je vous abandonne.
JOAD.
Venez, de l'huile sainte il faut vous consacrer.
Paraissez, Josabet, vous pouvez vous montrer.

SCÈNE IV.

JOAS, JOAD, JOSABET, ZACHARIE, SALO-MITH, AZARIAS, ISMAEL, TROIS AUTRES CHEFS DES LÉVITES, LE CHOEUR.

JOSABET, *embrassant Joas.*
O roi, fils de David !
JOAS.
O mon unique mère !
Venez, cher Zacharie, embrasser votre frère.
JOSABET, *à Zacharie.*
Aux pieds de votre roi, prosternez-vous, mon fils.
(*Zacharie se jette aux pieds de Joas.*)
JOAD, *pendant qu'ils s'embrassent.*
Enfans, ainsi toujours puissiez-vous être unis !
JOSABET, *à Joas.*
Vous savez donc quel sang vous a donné la vie ?
JOAS.
Et je sais quelle main sans vous me l'eût ravie.
JOSABET.
De votre nom, Joas, je puis donc vous nommer.
JOAS.
Joas ne cessera jamais de vous aimer.
LE CHOEUR.
Quoi, c'est là...

JOSABET.

C'est Joas.

JOAS.

Écoutons ce lévite.

SCÈNE V.

JOAS, JOSABET, JOAD, ZACHARIE, SALO-MITH, AZARIAS, ISMAEL, TROIS AUTRES CHEFS DES LÉVITES, UN LÉVITE, LE CHOEUR.

UN LÉVITE.

J'ignore contre Dieu quel projet on médite,
Mais l'airain menaçant frémit de toutes parts.
On voit luire des feux parmi les étendards,
Et sans doute Athalie assemble son armée.
Déjà même au secours toute voie est fermée;
Déjà le sacré mont, où le temple est bâti,
D'insolens Tyriens est partout investi.
L'un d'eux, en blasphémant, vient de nous faire entendre,
Qu'Abner est dans les fers, et ne peut nous défendre.

JOSABET, à Joas.

Cher enfant, que le Ciel en vain m'avait rendu,
Hélas! pour vous sauver j'ai fait ce que j'ai pu.
Dieu ne se souvient plus de David votre père.

JOAD, à Josabet.

Quoi, vous ne craignez pas d'attirer sa colère
Sur vous et sur ce roi si cher à votre amour;
Et quand Dieu, de vos bras l'arrachant sans retour,
Voudrait que de David la maison fût éteinte,
N'êtes-vous pas ici sur la montagne sainte,

Où le père des Juifs [1], sur son fils innocent,
Leva, sans murmurer, un bras obéissant,
Et mit sur un bûcher ce fruit de sa vieillesse,
Laissant à Dieu le soin d'accomplir sa promesse,
Et lui sacrifiant, avec ce fils aimé,
Tout l'espoir de sa race en lui seul renfermé ?
Amis, partageons-nous. Qu'Ismaël en sa garde
Prenne tout le côté que l'orient regarde.
Vous, le côté de l'ourse; et vous, de l'occident,
Vous, le midi. Qu'aucun, par un zèle imprudent,
Découvrant mes desseins, soit prêtre, soit lévite,
Ne sorte avant le temps et ne se précipite;
Et que chacun enfin, d'un même esprit poussé,
Garde en mourant le poste où je l'aurai placé.
L'ennemi nous regarde, en son aveugle rage,
Comme de vils troupeaux réservés au carnage,
Et croit ne rencontrer que désordre et qu'effroi.
Qu'Azarias partout accompagne le roi.
(à Joas.)
Venez, cher rejeton d'une vaillante race,
Remplir vos défenseurs d'une nouvelle audace.
Venez du diadème à leurs yeux vous couvrir,
Et périssez du moins en roi, s'il faut périr.
Suivez-le, Josabet.
(à un lévite.)
Vous, donnez-moi ces armes.
(au chœur.)
Enfans, offrez à Dieu vos innocentes larmes.

[1] Abraham.

SCÈNE VI.

SALOMITH, LE CHOEUR.

LE CHOEUR *chante*.

Partez, enfans d'Aaron, partez.
Jamais plus illustre querelle
De vos aïeux n'arma le zèle.
Partez, enfans d'Aaron, partez.
C'est votre roi, c'est Dieu pour qui vous combattez.

UNE VOIX *seule*.

Où sont les traits que tu lances,
Grand Dieu, dans ton juste courroux?
N'es-tu plus le dieu jaloux,
N'es-tu plus le dieu de vengeances ?

UNE AUTRE.

Où sont, dieu de Jacob, tes antiques bontés?
Dans l'horreur qui nous environne,
N'entends-tu que la voix de nos iniquités ?
N'es-tu plus le dieu qui pardonne?

LE CHOEUR.

Où sont, dieu de Jacob, tes antiques bontés?

UNE VOIX *seule*.

C'est à toi que dans cette guerre
Les flèches des méchans prétendent s'adresser.
Faisons, disent-ils, cesser
Les fêtes de Dieu sur la terre.
De son joug importun délivrons les mortels :
Massacrons tous ses saints ; renversons ses autels.

Que de son nom, que de sa gloire,
Il ne reste plus de mémoire.
Que ni lui ni son Christ ne règnent plus sur nous.

LE CHOEUR.

Où sont les traits que tu lances,
Grand Dieu, dans ton juste courroux?
N'es-tu plus le dieu jaloux?
N'es-tu plus le dieu des vengeances?

UNE VOIX *seule*.

Triste reste de nos rois,
Chère et dernière fleur d'une tige si belle,
Hélas, sous le couteau d'une mère cruelle,
Te verrons-nous tomber une seconde fois!
Prince aimable, dis-nous si quelque ange au berceau
Contre tes assassins prit soin de te défendre;
Ou si dans la nuit du tombeau
La voix du dieu vivant a ranimé ta cendre.

UNE AUTRE.

D'un père et d'un aïeul contre toi révoltés,
Grand Dieu, les attentats lui sont-ils imputés?
Est-ce que sans retour ta pitié l'abandonne?

LE CHOEUR.

Où sont, dieu de Jacob, tes antiques bontés?
N'es-tu plus le dieu qui pardonne?

UNE DES FILLES DU CHOEUR, *sans chanter*.

Chères sœurs, n'entendez-vous pas
Des cruels Tyriens la trompette qui sonne?

SALOMITH.

J'entends même les cris des barbares soldats,

Et d'horreur j'en frissonne.
Courons, fuyons, retirons-nous
A l'ombre salutaire
Du redoutable sanctuaire.

FIN DU QUATRIÈME ACTE.

ACTE V.

SCÈNE PREMIÈRE.

ZACHARIE, SALOMITH, LE CHOEUR.

SALOMITH.
Cher Zacharie, hé bien, que nous apprenez-vous ?
ZACHARIE.
Redoublez au Seigneur votre ardente prière.
Peut-être nous touchons à notre heure dernière.
Pour l'horrible combat, ma sœur, l'ordre est donné.
SALOMITH.
Que fait Joas ?
ZACHARIE.
Joas vient d'être couronné.
Le grand-prêtre a sur lui répandu l'huile sainte,
O Ciel, dans tous les yeux quelle joie était peinte
A l'aspect de ce roi racheté du tombeau !
Ma sœur, on voit encor la marque du couteau.
On voit paraître aussi sa fidèle nourrice,
Qui, cachée en un coin de ce vaste édifice,
Gardait ce cher dépôt, et n'avait de ses soins
Que les yeux de ma mère et que Dieu pour témoins.
Nos lévites pleuraient de joie et de tendresse,
Et mêlaient leurs sanglots à leurs cris d'allégresse.
Lui, parmi ces transports, affable et sans orgueil,

A l'un tendait la main, flattait l'autre de l'œil,
Jurait de se régler par leurs avis sincères,
Et les appelait tous ses pères ou ses frères.

SALOMITH.

Ce secret au dehors est-il aussi semé?

ZACHARIE.

Ce secret dans le temple est encor renfermé.
Des enfans de Lévi la troupe partagée
Dans un profond silence aux portes s'est rangée.
Tous doivent à la fois précipiter leurs pas,
Et crier pour signal : vive le roi Joas!
Mais mon père défend que le roi se hasarde,
Et veut qu'Azarias demeure pour sa garde.
Cependant Athalie, un poignard à la main,
Rit des faibles remparts de nos portes d'airain.
Pour les rompre, elle attend les fatales machines,
Et ne respire enfin que sang et que ruines.
Quelques prêtres, ma sœur, ont d'abord proposé
Qu'en un lieu souterrain, par nos pères creusé,
On renfermât du moins notre arche précieuse.
O crainte, a dit mon père, indigne, injurieuse!
L'arche qui fit tomber tant de superbes tours,
Et força le Jourdain de rebrousser son cours,
Des dieux des nations tant de fois triomphante,
Fuirait donc à l'aspect d'une femme insolente!
Ma mère, auprès du roi, dans un trouble mortel,
L'œil, tantôt sur le prince, et tantôt sur l'autel,
Muette, et succombant sous le poids des alarmes,
Aux yeux les plus cruels arracherait des larmes.
Le roi de temps en temps la presse entre ses bras,
La flatte... Chères sœurs, suivez toutes mes pas;

Et, s'il faut aujourd'hui que notre roi périsse,
Allons, qu'un même sort avec lui nous unisse.
SALOMITH.
Quelle insolente main frappe à coups redoublés ?
Qui fait courir ainsi ces lévites troublés ?
Quelle précaution leur fait cacher leurs armes ?
Le temple est-il forcé ?
ZACHARIE.
Dissipez vos alarmes.
Dieu nous envoie Abner.

SCÈNE II.

ABNER, JOAD, JOSABET, ZACHARIE,
SALOMITH, ISMAEL, DEUX LÉVITES,
LE CHOEUR.

JOAD.
En croirai-je mes yeux,
Cher Abner ? Quel chemin a pu jusqu'en ces lieux
Vous conduire au travers d'un camp qui nous assiége ?
On disait que d'Acháb la fille sacrilége
Avait, pour assurer ses projets inhumains,
Chargé d'indignes fers vos généreuses mains.
ABNER.
Oui, Seigneur, elle a craint mon zèle et mon courage.
Mais c'est le moindre prix que me gardait sa rage.
Dans l'horreur d'un cachot par son ordre enfermé,
J'attendais que le temple en cendres consumé,
De tant de flots de sang non encore assouvie,
Elle vînt m'affranchir d'une importune vie,

Et retrancher des jours qu'aurait dû mille fois
Terminer la douleur de survivre à mes rois.

JOAD.

Par quel miracle a-t-on obtenu votre grâce?

ABNER.

Dieu dans ce cœur cruel sait seul ce qui se passe.
Elle m'a fait venir, et d'un air égaré :
« Tu vois de mes soldats tout ce temple entouré,
« Dit-elle, un feu vengeur va le réduire en cendre ;
« Et ton dieu contre moi ne le saurait défendre.
« Ses prêtres toutefois, mais il faut se hâter,
« A deux conditions peuvent se racheter.
« Qu'avec Éliacin on mette en ma puissance,
« Un trésor, dont je sais qu'ils ont la connaissance,
« Par votre roi David autrefois amassé,
« Sous le sceau du secret au grand-prêtre laissé.
« Va, dis-leur qu'à ce prix je leur permets de vivre. »

JOAD.

Quel conseil, cher Abner, croyez-vous qu'on doit suivre?

ABNER.

Et tout l'or de David, s'il est vrai qu'en effet
Vous gardiez de David quelque trésor secret ;
Et tout ce que des mains de cette reine avare
Vous avez pu sauver et de riche et de rare,
Donnez-le. Voulez-vous que d'impurs assassins
Viennent briser l'autel, brûler les chérubins ;
Et portant sur notre Arche une main téméraire,
De votre propre sang souiller le sanctuaire?

JOAD.

Mais siérait-il, Abner, à des cœurs généreux
De livrer au supplice un enfant malheureux?

Un enfant, que Dieu même à ma garde confie,
Et de nous racheter aux dépens de sa vie.

ABNER.

Hélas, Dieu voit mon cœur! Plût à ce Dieu puissant
Qu'Athalie oubliât un enfant innocent;
Et que du sang d'Abner sa cruauté contente,
Crût calmer par ma mort le Ciel qui la tourmente!
Mais que peuvent pour lui vos inutiles soins?
Quand vous périrez tous, en périra-t-il moins?
Dieu vous ordonne-t-il de tenter l'impossible?
Pour obéir aux loix d'un tyran inflexible,
Moïse, par sa mère au Nil abandonné,
Se vit, presqu'en naissant, à périr condamné.
Mais Dieu, le conservant contre toute espérance,
Fit par le tyran même élever son enfance.
Qui sait ce qu'il réserve à votre Éliacin;
Et si, lui préparant un semblable destin,
Il n'a point de pitié déjà rendu capable
De nos malheureux rois l'homicide implacable?
Du moins, et Josabet comme moi l'a pu voir,
Tantôt à son aspect je l'ai vu s'émouvoir.
J'ai vu de son courroux tomber la violence.

(à Josabet.)

Princesse, en ce péril vous gardez le silence?
Hé quoi, pour un enfant qui vous est étranger,
Souffrez-vous que sans fruit Joad laisse égorger
Vous, son fils, tout ce peuple; et que le feu dévore
Le seul lieu sur la terre où Dieu veut qu'on l'adore?
Que feriez-vous de plus, si des rois vos aïeux,
Ce jeune enfant était un reste précieux?

ATHALIE,

JOSABET *bas à Joad.*

Pour le sang de ses rois vous voyez sa tendresse.
Que ne lui parlez-vous ?

JOAD.

Il n'est pas temps, princesse.

ABNER.

Le temps est cher, Seigneur, plus que vous ne pensez.
Tandis qu'à me répondre ici vous balancez,
Mathan, près d'Athalie étincelant de rage,
Demande le signal, et presse le carnage.
Faut-il que je me jette à vos sacrés genoux ?
Au nom du lieu si saint qui n'est ouvert qu'à vous,
Lieu terrible, où de Dieu la majesté repose,
Quelque dure que soit la loi qu'on vous impose,
De ce coup imprévu songeons à nous parer,
Donnez-moi seulement le temps de respirer.
Demain, dès cette nuit, je prendrai des mesures
Pour assurer le temple et venger ses injures.
Mais je vois que mes pleurs et que mes vains discours
Pour vous persuader sont un faible secours.
Votre austère vertu n'en peut être frappée.
Hé bien, trouvez-moi donc quelque arme, quelque épée;
Et qu'aux portes du temple, où l'ennemi m'attend,
Abner puisse du moins mourir en combattant.

JOAD.

Je me rends. Vous m'ouvrez un avis que j'embrasse.
De tant de maux, Abner, détournons la menace.
Il est vrai, de David un trésor est resté,
La garde en fut commise à ma fidélité,
C'était des tristes Juifs l'espérance dernière,

Que mes soins vigilans cachaient à la lumière ;
Mais, puisqu'à votre reine il faut le découvrir,
Je vais la contenter, nos portes vont s'ouvrir.
De ses plus braves chefs qu'elle entre accompagnée.
Mais de nos saints autels qu'elle tienne éloignée
D'un ramas d'étrangers l'indiscrète fureur.
Du pillage du temple épargnez-moi l'horreur.
Des prêtres, des enfans lui feraient-ils quelque ombre?
De sa suite avec vous qu'elle règle le nombre.
Et quant à cet enfant si craint, si redouté,
De votre cœur, Abner, je connais l'équité,
Je vous veux devant elle expliquer sa naissance.
Vous verrez s'il le faut remettre en sa puissance ;
Et je vous ferai juge entre Athalie et lui.

ABNER.

Ah, je le prends déjà, Seigneur, sous mon appui !
Ne craignez rien. Je cours vers celle qui m'envoie.

SCÈNE III.

JOAD, JOSABET, ZACHARIE, SALOMITH,
ISMAEL, DEUX LÉVITES, LE CHOEUR.

JOAD.

Grand Dieu, voici ton heure, on t'amène ta proie.
Ismaël, écoutez.

(*Il lui parle bas.*)

JOSABET.

Puissant maître des cieux,
Remets-lui le bandeau dont tu couvris ses yeux,
Lorsque, lui dérobant tout le fruit de son crime,

Tu cachas dans mon sein cette tendre victime.
JOAD.
Allez, sage Ismaël, ne perdez point de temps.
Suivez de point en point ces ordres importans.
Surtout qu'à son entrée, et que sur son passage
Tout d'un calme profond lui présente l'image.
Vous, enfans, préparez un trône pour Joas.
Qu'il s'avance suivi de nos sacrés soldats.
Faites venir aussi sa fidèle nourrice,
Princesse, et de vos pleurs que la source tarisse.
(à un lévite.)
Vous, dès que cette reine, ivre d'un fol orgueil,
De la porte du temple aura passé le seuil,
Qu'elle ne pourra plus retourner en arrière,
Prenez soin qu'à l'instant la trompette guerrière
Dans le camp ennemi jette un subit effroi.
Appelez tout le peuple au secours de son roi,
Et faites retentir jusques à son oreille
De Joas conservé l'étonnante merveille.
Il vient.

SCÈNE IV.

JOAS, JOAD, JOSABET, ZACHARIE, SALOMITH, AZARIAS, TROUPES DE PRÊTRES ET DE LÉVITES, LE CHOEUR.

JOAD.
Lévites saints, prêtres de notre dieu,
Partout, sans vous montrer, environnez ce lieu;
Et, laissant à mes soins gouverner votre zèle,
Pour paraître, attendez que ma voix vous appelle.
(Ils se cachent tous.)

Roi, je crois qu'à vos vœux cet espoir est permis,
Venez voir à vos pieds tomber vos ennemis.
Celle dont la fureur poursuivit votre enfance,
Vers ces lieux à grands pas pour vous perdre s'avance.
Mais ne la craignez point. Songez qu'autour de vous
L'ange exterminateur est debout avec nous.
Montez sur votre trône, et.... Mais la porte s'ouvre.
Permettez un moment que ce voile vous couvre.
(*Il tire un rideau.*)
Vous changez de couleur, princesse !

JOSABET.

Ah, sans pâlir,
Puis-je voir d'assassins le temple se remplir !
Quoi, ne voyez-vous pas quelle nombreuse escorte !..

JOAD.

Je vois que du saint temple on referme la porte.
Tout est en sûreté.

SCÈNE V.

ATHALIE, JOAS *caché derrière le rideau*, JOAD, JOSABET, ABNER, SUITE D'ATHALIE.

ATHALIE *à Joad.*

Te voilà, séducteur,
De ligues, de complots pernicieux auteur,
Qui dans le trouble seul as mis tes espérances,
Éternel ennemi des suprêmes puissances.
En l'appui de ton dieu tu t'étais reposé.
De ton espoir frivole es-tu désabusé ?
Il laisse en mon pouvoir et son temple et ta vie.

Je devrais, sur l'autel où ta main sacrifie,
Te... Mais du prix qu'on m'offre il faut me contenter.
Ce que tu m'as promis songe à l'exécuter.
Cet enfant, ce trésor, qu'il faut qu'on me remette,
Où sont-ils ?

JOAD.

Sur le champ tu seras satisfaite.
Je te les vais montrer l'un et l'autre à la fois.

(Le rideau se tire.)

Paraissez, cher enfant, digne sang de nos rois.

(Le rideau étant tiré, on voit Joas sur son trône ; sa nourrice est à genoux à sa droite : Azarias, l'épée à la main, est debout à sa gauche, et près de lui, Zacharie et Salomith sont à genoux sur les degrés du trône ; plusieurs lévites, l'épée à la main, sont rangés dans les côtés.)

Connais-tu l'héritier du plus saint des monarques,
Reine ? De ton poignard connais du moins ces marques.
Voilà ton roi, ton fils, le fils d'Okosias.
Peuples, et vous, Abner, reconnaissez Joas.

ABNER.

Ciel !

ATHALIE, à Joad.

Perfide !

JOAD.

Vois-tu cette Juive fidèle,
Dont tu sais bien qu'alors il suçait la mamelle ?

Il fut par Josabet à ta rage enlevé.
Ce temple le reçut, et Dieu l'a conservé.
Des trésors de David voilà ce qui me reste.

ATHALIE.

Ta fourbe à cet enfant, traître, sera funeste.
D'un fantôme odieux, soldats délivrez-moi.

JOAD.

Soldats du Dieu vivant, défendez votre roi.

(Ici le fond du théâtre s'ouvre. On voit le dedans du temple, et les lévites armés entrent de tous côtés sur la scène.)

ATHALIE.

Où suis-je? O trahison! O reine infortunée!
D'armes et d'ennemis je suis environnée.

JOAD.

Tes yeux cherchent en vain, tu ne peux échapper,
Et Dieu de toutes parts a su t'envelopper.
Ce dieu que tu bravais, en nos mains t'a livrée,
Rends-lui compte du sang dont tu t'es enivrée.

ATHALIE.

Quoi, la peur a glacé mes indignes soldats!
Lâche Abner, dans quel piége as-tu conduit mes pas?

ABNER.

Reine, Dieu m'est témoin...

ATHALIE.

    Laisse-là ton dieu, traître,
Et venge-moi.

ABNER, *se jetant aux pieds de Joas.*

    Sur qui? Sur Joas! sur mon maître!

ATHALIE.

Lui Joas? Lui ton roi? Songez, méchans, songez
Que mes armes encor vous tiennent assiégés.
J'entends à haute voix tout mon camp qui m'appelle.
On vient à mon secours. Tremblez, troupe rebelle.

SCÈNE VI.

ISMAEL, JOAS, JOAD, ATHALIE, ET TOUS LES ACTEURS DE LA SCÈNE PRÉCÉDENTE.

ISMAEL, à Joad.

Seigneur, le temple est libre et n'a plus d'ennemis;
L'étranger est en fuite et le Juif est soumis.
Comme le vent dans l'air dissipe la fumée,
La voix du Tout-Puissant a chassé cette armée.
Nos lévites du haut de nos sacrés parvis
D'Okosias au peuple ont annoncé le fils,
Ont conté son enfance au glaive dérobée,
Et la fille d'Achab dans le piège tombée.
Partout en même temps la trompette a sonné;
Et ses sons et leurs cris, dans son camp étonné,
Ont répandu le trouble et la terreur subite
Dont Gédéon frappa le fier Madianite.
Les Tyriens, jetant armes et boucliers,
Ont par divers chemins disparu les premiers.
Quelques Juifs éperdus ont aussi pris la fuite.
Mais, de Dieu sur Joas admirant la conduite,
Le reste à haute voix s'est pour lui déclaré.
Enfin, d'un même esprit tout le peuple inspiré,
Femmes, vieillards, enfans, s'embrassent avec joie;

Bénissent le Seigneur, et celui qu'il envoie.
Tous chantent de David le fils ressuscité,
Baal est en horreur dans la sainte cité.
De son temple profane on a brisé les portes.
Mathan est égorgé.

ATHALIE.

Dieu des Juifs, tu l'emportes!
Oui, c'est Joas, je cherche en vain à me tromper,
Je reconnais l'endroit où je le fis frapper.
Je vois d'Okosias et le port et le geste,
Tout me retrace enfin un sang que je déteste.
David, David triomphe, Achab seul est détruit.
Impitoyable Dieu, toi seul as tout conduit?
C'est toi qui, me flattant d'une vengeance aisée,
M'as vingt fois en un jour à moi-même opposée :
Tantôt pour un enfant excitant mes remords,
Tantôt m'éblouissant de tes riches trésors,
Que j'ai craint de livrer aux flammes, au pillage.
Qu'il règne donc ce fils, ton soin et ton ouvrage!
Et que, pour signaler son empire nouveau,
On lui fasse en mon sein enfoncer le couteau
Voici ce qu'en mourant lui souhaite sa mère.
Que dis-je souhaiter? Je me flatte, j'espère,
Qu'indocile à ton joug, fatigué de ta loi,
Fidèle au sang d'Achab qu'il a reçu de moi,
Conforme à son aïeul, à son père semblable,
On verra de David l'héritier détestable,
Abolir tes honneurs, profaner ton autel,
Et venger Athalie, Achab et Jézabel.

(*Athalie sort, les lévites la suivent.*)

JOAD.

Qu'à l'instant hors du temple elle soit emmenée,
Et que la sainteté n'en soit point profanée.
Allez, sacrés vengeurs de vos princes meurtris,
De leur sang par sa mort faire cesser les cris.
Si quelque audacieux embrasse sa querelle
Qu'à la fureur du glaive on le livre avec elle.

SCÈNE VII.

JOAS, JOAD, JOSABET, ABNER, ET TOUS LES ACTEURS DE LA SCÈNE PRÉCÉDENTE.

JOAS, *descendu de son trône.*

Dieu, qui voyez mon trouble et mon affliction,
Détournez loin de moi sa malédiction,
Et ne souffrez jamais qu'elle soit accomplie;
Faites que Joas meure avant qu'il vous oublie.

JOAD, *aux lévites.*

Appelez tout le peuple, et montrons-lui son roi.
Qu'il lui vienne en ses mains renouveler sa foi.
Roi, prêtres, peuple, allons, pleins de reconnaissance,
De Jacob avec Dieu confirmer l'alliance;
Et, saintement confus de nos égaremens,
Nous rengager à lui par de nouveaux sermens.
Abner auprès du roi reprenez votre place.

SCÈNE DERNIÈRE.

UN LÉVITE, JOAS, JOAD, ET TOUS LES ACTEURS
DE LA SCÈNE PRÉCÉDENTE.

JOAD, *au lévite.*
Hé bien, de cette impie a-t-on puni l'audace ?
UN LÉVITE.
Le fer a de sa vie expié les horreurs.
Jérusalem, long-temps en proie à ses fureurs,
De son joug odieux à la fin soulagée,
Avec joie en son sang la regarde plongée.
JOAD.
Par cette fin terrible, et due à ses forfaits,
Apprenez, roi des Juifs, et n'oubliez jamais
Que les rois dans le Ciel ont un juge sévère,
L'innocence un vengeur, et l'orphelin un père.

FIN D'ATHALIE.

VARIANTES D'ATHALIE.

ACTE PREMIER.

SCÈNE PREMIÈRE.

Vers 43. N'invente, *ne joue.*
Vers 44. Vante, *loue.*

FIN DES VARIANTES.

www.ingramcontent.com/pod-product-compliance
Lightning Source LLC
Chambersburg PA
CBHW070645170426
43200CB00010B/2133